Mikrowelle

Die neue Art zu kochen

Beatrix Jlling

Zehnte Auflage

BLV Verlagsgesellschaft
München Wien Zürich

CIP-Titelaufnahme der Deutschen Bibliothek

Illing, Beatrix:
Mikrowelle: d. neue Art zu kochen / Beatrix Illing. –
10. Aufl. – München; Wien; Zürich:
BLV Verlagsgesellschaft, 1988
   ISBN 3-405-13102-2

Satz: Gebr. Parcus KG, München
Druck: Appl, Wemding

Printed in Germany · ISBN 3-405-13102-2

Inhalt

Vorwort

Mit Ihrem Mikrowellengerät haben Sie mehr Zeit für die Freizeit. Sie arbeiten damit fortschrittlich und energiesparend, organisieren Ihren Haushalt einfacher und gestalten Ihre Arbeit in der Küche leichter. Sie werden sich so rasch an den Umgang mit Ihrem Mikrowellengerät gewöhnen, daß Sie es nicht mehr missen möchten. Die Schnelligkeit, mit der Sie Speisen und Getränke servierfertig auf den Tisch bringen, revolutioniert geradezu Ihre gesamte Küchenpraxis. Mit Ihrem Mikrowellengerät sparen Sie Abwasch, Strom und Kochzeit!

Ihr Mikrowellengerät ermöglicht Ihnen ein absolut neuzeitliches Kochen fast aller Speisen. Für einige Gerichte aber behalten Ihr Gas- oder Elektroherd und Ihr Grill ihren angestammten Platz.

In diesem Buch finden Sie eine Fülle an Informationen, Tips und Arbeitsanleitungen für das Kochen mit Mikrowellen. Alle Rezepte sind mehrfach in Haushalten erprobt und mit Joule- und Kalorienangaben versehen.

Entdecken Sie die vielfältigen Möglichkeiten, die Ihr Mikrowellengerät speziell in Ihrer Küche bietet!

Dazu gutes Gelingen!

Einführung in die neue Art zu kochen

Kurzer Unterricht über Mikrowellen

Bei allen üblichen Garmethoden gelangt die Wärme von außen an die Speisen. Hierbei wird die Wärme vom Herd, vom Grill oder vom Backofen von außen an das Nahrungsmittel herangebracht. Das Innere der Speisen erwärmt sich nur langsam.

Mit Mikrowelle ist das anders:
Mikrowellen sind unsichtbare Wellen, ähnlich den Fernsehwellen. Sie können diese nicht bemerken, wohl aber, daß sie im Fernsehgerät zu Musik und Film umgewandelt werden. Auch die Mikrowellen können Sie nicht hören und sehen. Aber in Lebensmitteln werden diese in Wärme umgewandelt. Und das nicht nur an der Oberfläche: Die Mikrowellen dringen ein Stück in das Lebensmittel ein – die Wärme entsteht so gleich tiefer in der Speise und muß nicht erst langsam von außen nach innen wandern.

Auf Grund dieser Eigenschaft der Mikrowellen werden Lebensmittel schneller aufgetaut, schneller erwärmt und schneller gegart als mit den herkömmlichen Kochmethoden.

Die Mikrowellen haben aber noch weitere hervorragende Eigenschaften:
Metallische Flächen schirmen die Mikrowellen ab. Sie können deshalb aus dem metallischen Garraum Ihres Mikrowellengerätes nicht entweichen – auch nicht aus dem feinen Metallgitter des Türfensters.

Ebenso gelingt es Mikrowellen nicht, in geschlossene Metallgefäße einzudringen.

Materialien wie Geschirr aus Porzellan, Keramik, Glas oder Kunststoff, Papier oder Pappe werden von den Mikrowellen nahezu ohne Verluste und ohne Wärmeentwicklung durchdrun-

Eigenschaften von Mikrowellen

a Mikrowellen werden in Lebensmitteln zu Wärme umgewandelt.
b Mikrowellen gehen durch Glas, Keramik, Kunststoff und Papier praktisch verlustlos hindurch.
c Mikrowellen werden von metallischen Flächen abgeschirmt und zurückgeworfen.

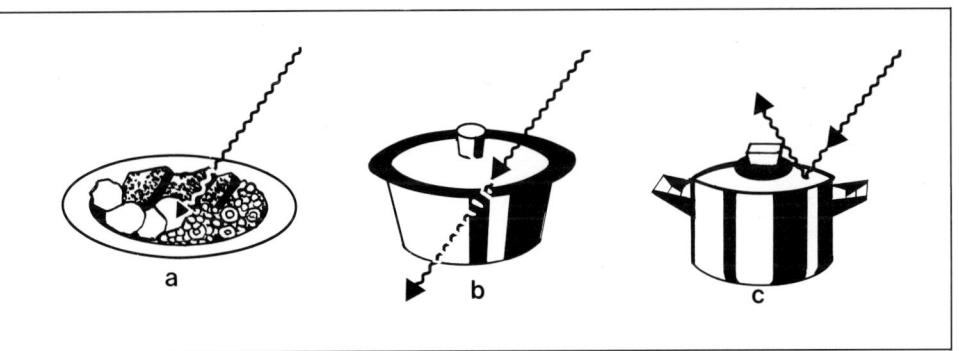

gen. Die Mikrowelle kommt somit von allen Seiten gleichmäßig an die Speisen heran. Die Speise ist schnell heiß – das Geschirr erwärmt sich nur durch das heiße Gericht.

Ein Mikrowellengerät ähnelt äußerlich einem Backofen. Seine wichtigsten Bestandteile sind der Garraum, der Netzanschluß, das Magnetron, das ist der Mikrowellenerzeuger, der Wobbler (Propeller) oder der Drahtteller, der die Mikrowellen gleichmäßig im Garraum verteilt. Für die Praxis sind die Zeitschaltuhr und die Starttaste bedeutend. Durch das Sichtfenster der Tür können Sie die Speisen während des Garvorganges beobachten. Beim Öffnen der Tür wird die Mikrowellenerzeugung sofort unterbrochen, und nur bei verschlossener Tür kann das Gerät wieder eingeschaltet werden. Das von Ihnen gekaufte Mikrowellengerät ist vom Verband Deutscher Elektroingenieure (VDE) geprüft.

Sonstige technische Details und Erklärungen finden Sie in Ihrer Gebrauchsanweisung. Nehmen Sie sich doch bitte dafür kurz Zeit – sie enthält alle wichtigen Hinweise für Bedienung, Pflege und Sicherheit.

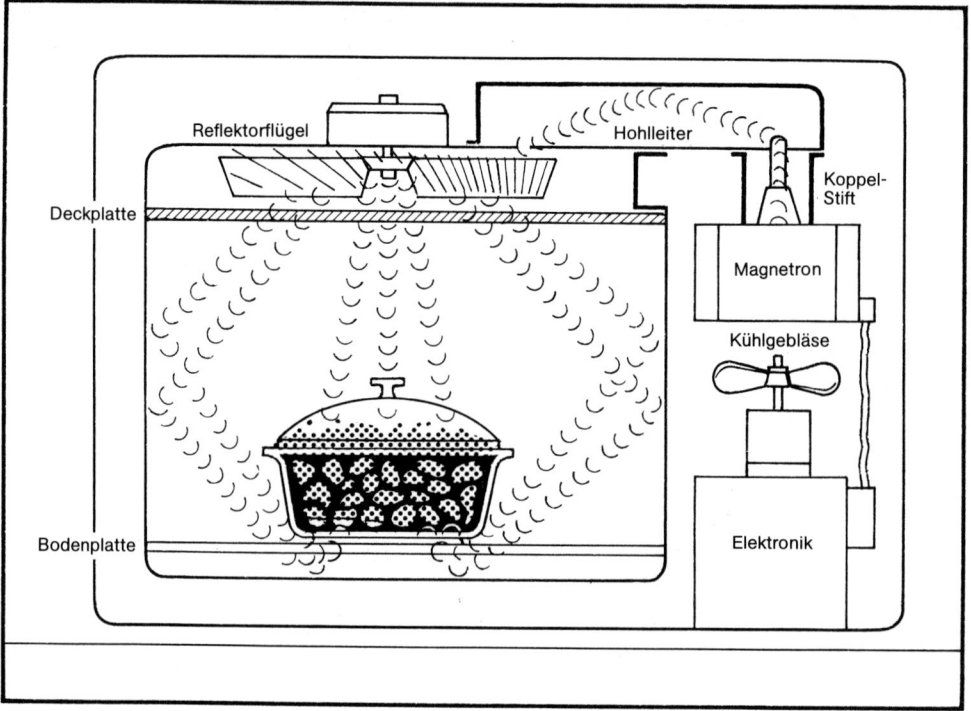

Schematischer Aufbau eines Mikrowellengerätes

Kleine Wellen – ganz groß

Beim Kochen mit Mikrowellen ergeben sich viele Vorteile gegenüber der herkömmlichen Speisenzubereitung. Wie sinnvoll dieses Gerät im Haushalt eingesetzt werden kann, zeigen Ihnen folgende Anwendungsbeispiele:

Schnelligkeit ist keine Zauberei
Ein Hackbraten braucht mit Mikrowelle nur eine Viertelstunde, um durch und durch gar zu sein – im Backofen dagegen eine gute Stunde. Oder ein Bratapfel: In drei Minuten ist er heiß und gar – mit konventioneller Kochmethode rechnen Sie hingegen mit 15 Minuten. Wenn Sie berufstätig sind und nur wenig Zeit für das Kochen von Speisen aufwenden wollen, bereiten Sie nun in kürzester Zeit ein Gericht servierfertig zu. Oder wenn Sie gleichzeitig mehrere Spezialmahlzeiten anrichten, z. B. Diät-, Baby- und Krankenkost, haben Sie mit Ihrem Mikrowellengerät einen schnellen Küchenhelfer. Auch wenn die Speisen während des Essens kalt geworden sind, stellen Sie diese kurz in das Gerät, worauf sie im Nu wieder heiß sind.

Auftauen – kein Problem
Bei tiefgekühlten Lebensmitteln zeigen sich die Vorteile eines Mikrowellengerätes besonders deutlich: Ein Hähnchen z. B. ist in rund 30 Minuten aufgetaut. Dabei wird die Mikrowelle sogar auf kleiner geschaltet (= Auftaustufe), damit das Hähnchen nicht ankocht, sondern gleichmäßig auftaut. Bei Zimmertemperatur benötigen Sie dafür mehrere Stunden. Jetzt geraten Sie kaum in Verlegenheit, falls sich plötzlich Besuch ansagt. Ein Griff in das Tiefkühlgerät und Sie bewirten in kürzester Zeit Ihre Gäste.

Geschmackvoll und gesund
Weil das Geschirr selbst sich nicht erhitzt, brauchen Sie kein Fett und nur wenig Wasser beim Mikrowellenkochen. Das erhält das eigene Aroma und die Farbe der Speisen, die Vitamine und Mineralstoffe und spart Gewürze und Joule (Kalorien)!

Aufgewärmt – wie frisch zubereitet
Normal aufgewärmte Speisen schmecken häufig »fade«. Nicht so, wenn sie nochmals aus dem Mikrowellengerät kommen: Die Speisen werden hier nämlich schnell erwärmt, eine erneute Zugabe von Wasser oder gar Fett ist nicht notwendig. Die Speisen schmecken – mit Ihrem Mikrowellengerät aufgewärmt – wie frisch gekocht.

Gleich im Serviergeschirr
Mit Mikrowelle läßt sich ja gerade in Geschirr aus Porzellan, Keramik oder Glas so gut kochen – wozu also umfüllen? Vom Herd auf den Tisch! Damit läßt sich viel Geschirr, Abwasch und Arbeit sparen.

Immer startbereit – einfach und angenehm
Sie warten nicht, bis eine Platte oder der Backofen aufgeheizt ist: Einfach die gewünschte Zeit einstellen, ein Knopfdruck – und die Mikrowelle beginnt zu kochen. Und der Garraum bleibt kühl, ist kein »heißer Ofen« – wie angenehm im Sommer!

Mit weniger Energie
Schnelles Garen mit Mikrowelle – und das alles, ohne Geschirr oder Garraum direkt zu erwärmen und mit weniger Geschirr-Abwasch – das spart Energie. Und zwar um so mehr, je systematischer Sie Ihrem Mikrowellengerät dazu Gelegenheit geben.

Diät – noch gesünder und geschmackvoller aus dem Mikrowellengerät

Mit Ihrem neuen Mikrowellengerät schmeckt Diät nicht mehr wie »Diät«:
Ob Sie nun salzarm oder fettlos kochen: Durch die schonende Zubereitung bleiben Geschmacksstoffe erhalten und das Eigenaroma kommt viel besser zur Geltung! Das Mikrowellengerät bietet bei jeder Art von Diät Vorteile:

● Kein Anlegen oder Anbrennen bei fettloser Zubereitung! Übrigens vermindert das Mikrowellengerät den Fettgehalt oft noch durch Ausschmelzen von versteckten Fetten! Dadurch nehmen Sie viele Joule (=Kalorien) weniger zu sich.

● Kein Auslaugen von Mineralstoffen und Vitaminen, denn im Mikrowellengerät kann Wasserzusatz entfallen. Dadurch haben Sie auch bei salzarmer Kost ein volles »Geschmackserlebnis«.

● Keine schädlichen Röststoffe durch »sanftes« Garen mit Mikrowelle – wichtig für Magen-, Darm- und Gallenkranke.

● Kein großer Mehraufwand auch bei mehr als 5 Mahlzeiten pro Tag, denn das Mikrowellengerät spart Zeit, Abwasch und »am Herd Stehen«.

Systematisch mit Mikrowelle

Im folgenden einige Vorschläge, wie Sie Ihr Mikrowellengerät voll zur Wirkung bringen können:

Sooft wie möglich

Bevor Sie eine Speise zubereiten, überlegen Sie, ob sich nicht der Einsatz Ihres Mikrowellengerätes lohnt. Sehr vieles läßt sich im Mikrowellengerät besser zubereiten:

● Das Auftauen von Lebensmitteln.

● Das Erwärmen und Erhitzen von fertigen Speisen.

● Das Garen von fast allen Lebensmitteln, die gedünstet, gekocht oder geschmort werden: Fisch, Gemüse, Eintöpfe, Aufläufe.

● Aber auch Fleischgerichte, wie Hackbraten, Schweinebraten, Geflügel, wenn sie nicht eine besonders kräftige Kruste erhalten sollen.

● Vorgebratene Fleischgerichte, die dann besonders rasch im Mikrowellengerät fertiggestellt werden.

● Alle Vorgänge, bei denen Sie sonst umständlich mit einem Wasserbad arbeiten: Schokolade schmelzen, Honig wieder flüssig machen, Kochpudding garen, Eier im Glas.

● Erwärmen von Getränken im Trinkgefäß (Gläser, Tassen, Becher).

Zubereiten wie gewohnt

Doch was machen Sie lieber nicht im Mikrowellengerät, sondern auf die übliche Art und Weise?

● Alle Speisen, die Sie scharf und kurz in der Pfanne braten oder die Sie grillen, um eine braune Kruste zu erhalten: Steaks, Schnitzel, Pfannkuchen oder auch Röstkartoffeln.

● Nudeln, Teigwaren und die meisten Knödel, die in viel Wasser kochen müssen, lassen sich zwar auch mit Mikrowellen zubereiten, aber ohne Vorteile.

● Ganze Eier (rohe oder gekochte) platzen im Mikrowellengerät.

● Die meisten Kuchen (es fehlt die gewohnte Kruste).

● Sehr große Mengen sind meist genauso schnell auf dem Herd zubereitet.

Das Mikrowellengerät ist also nicht dazu gedacht, Ihren normalen Herd »arbeitslos« zu machen. Vielmehr werden Sie bald erfahren, welches ideale Helferpaar Sie mit dieser Kombination zur Verfügung haben.

Routiniert und geplant

Dabei wird an einige besondere Möglichkeiten mit Ihrem Mikrowellengerät gedacht, die Ihnen viel Arbeit sparen:

● Wenn Sie Essensreste haben, füllen Sie diese gleich in das Geschirr um, in dem sie sich im Mikrowellengerät wieder erwärmen und dann servieren lassen.

● Wenn jemand später zu einer Mahlzeit kommt, halten Sie das Essen nicht warm, sondern geben Sie die Portion gleich auf den Eßteller. Später wird diese dann auf dem Eßteller im Mikrowellengerät in Minutenschnelle erhitzt. Eine ideale Möglichkeit bei Kindern, die zu ungleichen Zeiten aus der Schule kommen! Und das Aufwärmen ist so einfach, daß es sogar Kinder selbst können – ohne daß etwas anbrennt.

● Genauso praktisch ist das Mikrowellengerät, wenn das Essen während der Mahlzeit kalt geworden ist: Kurz in das Mikrowellengerät, und schon ist es wieder heiß!

Vorkochen mit System

Machen Sie aus Vorkochen und Einfrieren der Mahlzeiten ein regelrechtes System! Dadurch gewinnen Sie Zeit und stehen nicht ständig am Kochtopf.

1. Möglichkeit

Wenn Sie einmal anderntags keine Zeit haben zu kochen, bereiten Sie das Essen am Tag vorher zu. Ohne jede Mühe läßt es sich am anderen Tag wieder heißmachen – und schmeckt wie frisch gekocht. Eine ideale Möglichkeit, sich z. B. am Sonntag das Kochen zu sparen!

2. Möglichkeit

Kochen Sie z. B. alle 14 Tage mehrere Gerichte in größeren Mengen und frieren Sie diese portionsweise ein. Vorteilhaft ist es, wenn Sie zum Einfrieren Gefäße und Verpackungsmaterial verwenden, die sich auch zum Auftauen und Erwärmen im Mikrowellengerät eignen.

Damit der Platz in Ihrem Gefriergerät gut ausgenutzt wird, sollten die Gefäße viereckig und stapelfähig sein. Fragen Sie im Handel nach Kunststoffgefäßen, die Temperaturen bis −18 °C aushalten, ohne zu brechen, und zugleich temperaturbeständig bis über +100 °C sind. Wollen Sie die Lebensmittel aus dem Gefrierbehälter (z. B. Kunststoffbeutel, Pappgefäße) umfüllen, tauen Sie die Speisen kurz im Mikrowellengerät an, diese lassen sich dann leicht umfüllen und in einem Serviergeschirr erhitzen.

Beschriften Sie die einzelnen Portionen mit Inhaltsangabe und Datum. Das hat den Vorteil, daß Sie sich selber in Ihrem Gefriergerät stets gut zurechtfinden, kein Gericht zu lange lagern und so eventuell der Wohlgeschmack Ihrer Vorräte abnimmt.

Vor allem aber kann sich jedes Familienmitglied, ohne daß die Hausfrau anwesend zu sein braucht, ein vollwertiges, lecker zubereitetes Essen im Mikrowellengerät auftauen und eßfertig erwärmen. Mit dieser rationellen Arbeitsweise verschaffen Sie sich so manchen nahezu küchenfreien Tag.

Auf das passende Geschirr kommt es an

Es wurde schon gesagt, daß Mikrowellen Geschirr aus Glas, Porzellan, Keramik oder Kunststoff, ja sogar Papier und Pappe durchdringen; dagegen schirmen Metallgefäße die Wellen ab. Im einzelnen gibt es dazu noch gewisse Unterschiede, auf die hier noch ausführlicher eingegangen wird.

Vier Grundregeln

Regel 1 Metallgeschirr ist ungeeignet.

Regel 2 Geschirr mit Metalldekor ist ungeeignet. Dieses Dekor führt nämlich zu Funkenbildung im Mikrowellengarraum.

Regel 3 Geeignet ist Geschirr, das spülmaschinenfest und bis 100 °C temperaturbeständig ist.

Regel 4 Geeignet ist Geschirr, das selbst von der Mikrowelle nicht erhitzt wird.

Tip

Wenn Sie nicht sicher sind, ob Sie ein Geschirr verwenden können, machen Sie folgenden Test: Stellen sie das leere Geschirr 5–20 Sekunden in das Mikrowellengerät.

- Bleibt es kalt oder wird es nur handwarm, ist es geeignet,
- wird es sehr heiß oder entstehen Funken, ist es ungeeignet.

Metallgeschirr

Metall, Metallgefäße und Metallfolie (Alufolie) reflektieren Mikrowellen, d. h., wenn sich Lebensmittel in geschlossenen Metallgefäßen oder in Alufolie befinden, werden sie von den Mikrowellen nicht erreicht und können somit auch nicht erhitzt werden. Verwenden Sie daher keine Töpfe und Pfannen aus Metall oder Behälter aus Alufolie im Mikrowellengerät.

Auch die Verwendung offener Metallgefäße ist nicht zu empfehlen: Die Mikrowellen können hier nur von der Oberseite an das Gargut heran und nicht wie bei Glas oder Porzellan von allen Seiten – so auch von unten. Die Garzeit würde sich wesentlich verlängern, und das Essen wäre oben schon sehr heiß und unten noch kalt.

Flache Aluschalen (Tiefkühlkost oder Fertiggerichte) können Sie ausnahmsweise zum Auftauen und Erwärmen verwenden. Die Schalen sollen aber nicht höher als 2 oder 3 cm sein.

Für das Mikrowellengerät ist es keinesfalls schädlich, wenn im Garraum Metallteile verwendet werden. Das Magnetron wird dadurch nicht geschädigt, auch die Lebensdauer wird nicht beeinflußt. Allerdings darf kein geschlossenes Metallgefäß verwendet werden, weil das Mikrowellengerät dann »leerläuft«.

Bei Verwendung von Metallteilen im Mikrowellengerät ist nur darauf zu achten, daß keine Funkenbildung entsteht. Das passiert, wenn das Gefäß oder das Metallteil (Gabeln, Löffel o. ä.) zu nahe an der Garraumwand steht. Durch Funkenbildung entstehen hohe Temperaturen, wodurch das Gefäß oder die darin enthaltenen Speisen beschädigt werden können.

Wenn Sie Funkenbildung beobachten (meist begleitet von einem auffälligen Knistern), so sollten Sie das Gerät ausschalten und das Metallteil oder das Metallgefäß aus dem Mikrowellengerät entfernen.

Tips

- Sie können die reflektierende Wirkung einer Alufolie aber auch bewußt ausnutzen; wenn Sie z. B. Flügel oder Beine von Geflügel damit abdecken, damit diese Teile nicht zu früh gar sind, während das übrige Fleisch noch nicht gekocht ist.

- Bei einem sehr unregelmäßigen Stück Fleisch sollten Sie die dünneren Teile während der ersten Hälfte der Garzeit mit Alufolie abdecken, so wird das Fleisch gleichmäßig gar.

- Die Alufolie muß immer wesentlich kleiner als das Gargut sein, um die Mikrowellen nicht voll abzuschirmen. Sie darf auch nicht zu nahe an die Garraumwand reichen, sonst entstehen Funken.

Geschirr mit Metalldekor und -teilen

Geschirr mit Metalldekor, z. B. mit Gold- oder Silberrändern, reflektiert die Mikrowellen wie reines Metallgeschirr. Neben der unerwünschten Funkenbildung können sich diese Ränder auch verfärben. Verwenden Sie daher nie Geschirr mit Gold oder Silberdekor.

Funken können auch entstehen, wenn Gefäße Metallteile enthalten: Kannen mit Metallring (von Kaffeemaschinen), Joghurt- oder Sahnebecher mit Resten des Aludeckels, Geschirre mit Metallschrauben oder -ringen etc. Wenn Sie Funkenbildung beobachten, Gerät ausschalten und dieses Geschirr nicht mehr im Mikrowellengerät verwenden.

Glas und Porzellan

Geschirr aus Glas und Porzellan ist in allen Arten und Formen ideal für das Mikrowellen-Kochen. Durch solche Gefäße dringen die Mikrowellen leicht hindurch – so, als ob das Gefäß

überhaupt nicht da wäre –, die Wellen erreichen die Speisen gleichmäßig von allen Seiten. Im allgemeinen können Sie alle spülmaschinenfesten Gefäße verwenden: Gläser, Schüsseln, Tassen, Teller, Deckel.

Tips

- Vorsicht bei feinem Glas und Porzellan! Zwar werden diese Materialien nicht durch die Mikrowellen erhitzt, wohl aber durch die erhitzten Lebensmittel. Also Gefäße, in die Sie sonst kein kochendes Wasser gießen würden, im Mikrowellengerät ebenfalls nicht benutzen – die Gefäße könnten zerspringen.

- Keine festverschlossenen Schraubgläser oder Flaschen zum Erhitzen in das Mikrowellengerät stellen! Durch die Hitze dehnen sich die Flüssigkeiten und Speisen aus, das Glas könnte platzen.

- Keine Gefäße verwenden, die bereits einen Sprung haben – die Feuchtigkeit der Speisen dringt in den Sprung ein, erhitzt sich durch die Mikrowelle und das Gefäß kann an dieser Stelle endgültig auseinanderbrechen.

- Bei Flaschen mit engem Hals ist ebenfalls Vorsicht geboten. Auch hier könnte durch die schnelle Hitzeausdehnung des Inhalts das Glas brechen.

Steingut und Ton

Geschirr aus diesen Materialien eignet sich grundsätzlich gut für das Mikrowellengaren.

Tips

- Unglasierte Tonflächen sind jedoch weniger geeignet, da sie Feuchtigkeit aufnehmen und somit beim Garen mit Mikrowelle zu heiß werden.
- Es gibt einige Steingut- oder Tongeschirre, die durch ihre spezielle Zusammensetzung oder eine bestimmte (z. B. bleihaltige) Glasur sehr heiß werden. Diese Geschirre nicht verwenden, die Glasur kann Risse bekommen.

Kunststoffgeschirr

Kunststoffbehälter setzen sich in der Regel aus verschiedenen Grundmaterialien zusammen, sie verhalten sich daher unterschiedlich im Mikrowellengerät. Manche Kunststoffe verformen sich und können unter Umständen schmelzen. Kunststoffgeschirr aus Melamin und Ornamin wird sehr heiß, es speichert die Mikrowellenenergie, der Kochvorgang dauert deshalb etwas länger.

Gefäße aus diesen Materialien sind deshalb für das Mikrowellengerät weniger zu empfehlen.

Tips

- Zum *Auftauen* können Sie alle Kunststoffmaterialien verwenden (bis 20 °C).
- Zum *Erwärmen* auf Eßtemperatur sind Kunststoffgeschirre geeignet, die bis 95 °C hitzebeständig sind (Tiefkühldosen, Tupperware). Die Speisen dürfen darin aber nicht

überhitzt werden. Manchmal ist bei diesen Gefäßen der Deckel nicht so hitzefest wie das Gefäß an sich – der Deckel kann sich verformen.

- Zum *Garen* sind Kunststoffgeschirre geeignet, die bis 180 °C hitzefest sind. Es gibt inzwischen spezielles Mikrowellengeschirr im Handel, das geeignet ist zum Kochen, zum Einfrieren, wieder Auftauen und Heißmachen.

Kunststoff-Folien

Manche Tiefkühlgerichte stecken in Kochbeuteln aus Kunststoff. In diesen Fällen sollten Sie das Lebensmittel sorgfältig auftauen und erwärmen; eine zu schnelle und zu hohe Hitzezufuhr läßt den Beutel schmelzen.

Am besten füllen Sie die Speise noch gefroren in ein Serviergeschirr um und erhitzen es darin.

Bratfolien können unbedenklich beim Mikrowellen-Kochen verwendet werden (aber ohne Metallverschlüsse).

Frischhaltefolien eignen sich nur bedingt zum Abdecken von Gefäßen: Sie sind zu dünn und verformen sich leicht bei hohen Temperaturen. Frapan-Folie kann zum Abdecken von Gefäßen beim Erwärmen und Garen von feuchten Speisen verwendet werden.

Direkten Kontakt mit fetthaltigen Speisen vermeiden, weil Fett im Mikrowellengerät ziemlich heiß wird, vor allem bei längeren Gar- und Bratvorgängen.

Holz und Stroh

Verwenden Sie Brettchen oder Schüsseln aus Holz oder Körbchen aus Stroh möglichst nur kurz im Mikrowellengerät zum Auftauen oder Aufwärmen. Beide Materialien reagieren bei zu hoher Hitzeeinwirkung mit Rissen und Sprüngen.

Papier und Pergament

Papier ebenfalls nur für kurzes Erwärmen im Mikrowellengerät verwenden, es wird schnell durchfeuchtet.

Tips

- Zum Auftauen oder Erwärmen von nicht zu feuchten Lebensmitteln ist es jedoch gut verwendbar.
- Wachsbezogenes Papier eignet sich beim Mikrowellen-Kochen nicht, das Wachs könnte durch die heißen Lebensmittel schmelzen.
- Es gibt inzwischen auch speziell mikrowellenfestes Pappgeschirr, das mit einer sehr hitzebeständigen Kunststoffschicht überzogen ist.

Mit Pergament (Butterbrotpapier) abgedeckte Speisen erhalten die Feuchtigkeit der Lebensmittel und vermeiden zudem ein Spritzen an die Garraumwände.

Um Spritzer zu vermeiden, ist Küchenkrepp ebenfalls gut geeignet.

Spezielles Bräunungsgeschirr

Warum Bräunungsgeschirr?
Beim Garen im Mikrowellengerät sind viele Speisen so schnell gar, daß sich nicht von selbst eine Bräunung entwickeln kann. Das sind Gerichte, die sonst in der Pfanne oder unter dem Grill zubereitet werden. Das alles kann mit einem Bräunungsgeschirr auch im Mikrowellengerät zubereitet werden.

Was ist ein Bräunungsgeschirr?
Ein Bräunungsgeschirr hat am Boden eine Spezialschicht, die die Mikrowellen stark aufnimmt, wenn das leere Bräunungsgeschirr in das Mikrowellengerät gegeben wird. Die Oberfläche des Geschirrs wird dadurch so heiß wie eine Bratpfanne oder ein Grill, so daß Sie Speisen darin braten und bräunen können.

Wozu wird das Bräunungsgeschirr verwendet?
Für alle Gerichte, die eine heiße Brattemperatur an der Oberfläche brauchen: Schnitzel, Kotelett, Steak, Frikadellen, überbackener Toast oder tiefgefrorene Pizza. Größere Braten werden auch ohne Bräunungsgeschirr knusprig.

Wie wird das Bräunungsgeschirr benutzt?
Das Bräunungsgeschirr wird immer leer vorgeheizt, um denselben Effekt zu erzielen wie beim Erhitzen einer Bratpfanne auf der Kochplatte – damit der Boden des Geschirrs so heiß wird, daß die Speisen gebräunt werden.

- Das leere Geschirr wird immer auf höchster Leistungsstufe vorgeheizt. Die Vorheizzeit hängt von der Größe des Bräunungsgeschirrs und von der Art der Speise sowie von der Leistung des Mikrowellengerätes ab. Entnehmen Sie bitte die Vorheizzeiten der Gebrauchsanweisung.
- Das Bratgut wird auf den heißen Boden des Bräunungsgeschirrs gedrückt – es sollte engen Kontakt zu der heißen Oberfläche haben. Beim Anbraten zischt und spritzt es genauso wie beim Anbraten in einer Pfanne auf der Kochplatte.
- Das Bratgut wird nun mit Mikrowellen gegart und durch das heiße Bräunungsgeschirr gleichzeitig gebräunt. Um die zweite Seite der Speise ebenfalls zu bräunen, wird das Bratgut gewendet und auf eine noch nicht benutzte Fläche des Bräunungsgeschirres gelegt.

Geschirr-Übersichtstabelle

geeignetes Geschirr	ungeeignetes Geschirr
Glas Porzellan Glaskeramik Steingut Ton Hitzebeständiger Kunststoff (manche Tiefkühldosen, Gefrier-Kochbeutel, Bratfolien und -beutel)	Metallgeschirr: Töpfe, Pfannen aus Metall, Behälter aus Alufolie Geschirr mit metallhaltigem Dekor, z. B. mit Gold- oder Silberrändern Geschirr mit Metall- oder Holzteilen (Kaffeekanne von der Kaffeemaschine, Gefäße mit Metal- oder Holzgriffen etc.)
weniger geeignetes Geschirr	Die meisten Frischhaltefolien Geschirre aus Melamin oder Ornamin Styroporgeschirre Einfache Plastiktüten
Holz Papier Nicht hitzebeständiger Kunststoff (zum Garen)	Geschirr, das durch die Mikrowellen heiß wird (unglasierter Ton, Bleikristall o. ä.)

Beim Herausnehmen der fertigen Speise Topflappen verwenden und das Geschirr auf einem Untersetzer abstellen.

Wie wird das Bräunungsgeschirr gereinigt?

Säubern Sie das Bräunungsgeschirr in der Spülmaschine oder in heißer Spülmittellauge. Verwenden Sie aber keine Stahlwolle o. ä., damit das Geschirr nicht verkratzt wird.

Hinweise für die Mikrowellen-Praxis

Bevor Sie nun tatenlustig an das Kochen im Mikrowellengerät herangehen, erhalten Sie noch einige wichtige Hinweise mit auf den Weg. Halten Sie sich anfangs an diese Erfahrungswerte, im Laufe der Zeit werden Sie selbst feststellen, ob und wo Sie von den aufgestellten Regeln abweichen können.

- Stellen Sie das Gefäß immer in die Mitte des Mikrowellengerätes. Wenn Sie mehrere Gefäße (z. B. Tassen oder Becher) hineingeben wollen, gruppieren Sie diese gleichmäßig um das Zentrum, so daß in der Mitte kein Gefäß steht. Genauso werden einzelne Lebensmittel in einem Gefäß angeordnet.
- Lassen Sie die Speisen nicht zu lange garen! Im Mikrowellengerät sind die Gar- und Erwärmzeiten kurz, deshalb übersieht man leicht den Zeitpunkt, zu dem das Gericht fertig ist. Stellen Sie lieber eine kürzere Zeit ein, garen Sie dann entsprechend nach, so schützen Sie das Essen vor Überhitzung.
- Überfüllen Sie das Mikrowellengerät nicht! Kleinere Mengen garen besser als große. Es ist günstiger, wenn Sie zwei Portionen nacheinander als beide gleichzeitig erwärmen oder garen.
- Je größer die Menge ist, die Sie im Mikrowellengerät zubereiten, um so länger wird die Gar- oder Erwärmzeit.

Faustregel:
doppelte Menge = fast doppelte Zeit
halbe Menge = halbe Zeit

Wenn Sie also andere Mengen haben, als auf der Zeittabelle oder im Kochbuch angegeben wird, können Sie nach dieser Faustregel die Zeiten entsprechend verlängern oder verkürzen.

- Flache Speisen garen schneller als hohe, verteilen Sie daher die Lebensmittel möglichst flach. Vermeiden Sie auch, mehrere verschiedene Nahrungsmittel übereinanderzuschichten.
- Speisen, die nicht bräunen oder austrocknen sollen, decken Sie zu. Diese Regel gilt für die meisten Speisen, die Sie im Mikrowellengerät zu bereiten.

Wenn Sie keinen passenden Deckel für das Gefäß haben, nehmen Sie einen Teller, Bratfolie oder Butterbrotpapier. Gebratene oder fritierte Nahrungsmittel, die erwärmt werden sollen, oder solche, die eine Kruste bekommen sollen (z. B. Hackbraten), werden nicht zugedeckt.

- Sollten Sie einmal beobachten, daß die Speise nicht an allen Seiten gleichmäßig gart, drehen Sie das Gefäß einfach um eine Vierteldrehung, wenden Sie das Gargut oder rühren Sie einmal um.
- Die Mikrowelle bräunt nicht alle Speisen. Der Bräunungseffekt ist von der Menge und somit von der Garzeit abhängig. So wird z. B. ein Braten, der eine längere Garzeit hat (15 Minuten und länger) von außen gebräunt. Viele Speisen sind jedoch schon wesentlich früher gar, bevor sich eine Bräunung bilden konnte. Mit einem kleinen Trick erzielen Sie aber doch noch ein gebräuntes Fleisch: Wenn Sie es vorher kurz in der Pfanne anbraten und im Mikrowellengerät in raschester Zeit fertiggaren. Es gibt aber auch ein Spezial-Bräunungsgeschirr, das als Sonderzubehör erhältlich ist. Weitere Küchen-Tips, um auf die gewohnte Farbe von gebratenem Fleisch oder Fisch nicht verzichten zu müssen: Servieren Sie zu den Speisen eine Soße (Tomatenketchup, Grillsoße oder Sojasoße) oder bestreuen Sie die Gerichte vor dem Garen mit edelsüßem Paprikapulver.

- Garen Sie keine Eier in der Schale im Mikrowellengerät. Sie platzen meist, und Sie müssen dann den Garraum wieder gründlich reinigen. Erwärmen Sie keine bereits hartgekochten Eier – diese können platzen (auch nachdem sie aus dem Mikrowellengerät herausgenommen worden sind) –, damit Sie sich nicht an den heißen Teilen verbrennen! Rohe Eier ohne Schale können Sie jederzeit zubereiten – aber stechen Sie den Dotter vorher an.
- Lebensmittel mit festen Schalen oder Häuten (z. B. Äpfel, Tomaten, Kartoffeln, Würstchen) vorher anstechen, damit die Schale nicht platzt.
- Wenn Sie verschiedene Lebensmittel gleichzeitig erwärmen, können sich einzelne Bestandteile schneller erhitzen als andere (z. B. bei einem Menü). Schützen Sie dann die heißen Teile durch Abdecken mit Alufolie vor dem Überhitzen.
- Im Mikrowellengerät erhitzte Speisen geben die Wärme an das Geschirr ab und dadurch kann dieses sehr heiß werden. Halten Sie daher auch beim Kochen mit Mikrowellen die Topflappen stets griffbereit, damit Sie sich nicht unverhofft verbrennen.
- Wenn Sie die Speisen aus dem Gerät genommen haben, lassen Sie diese eine Weile stehen, die Wärme verteilt sich dann noch gleichmäßig.

Leistungs- und Zeiteinstellung bei verschiedenen Mikrowellengeräten

Angabe im Kochbuch	Mikrowellengerät mit Zeitschaltuhr	Mikrowellengerät mit Electronic-Uhr	Backofen mit integrierter Mikrowelle
Einstellung »Garen« und »Erwärmen« mit 600–720 W	600 W / 720 W	600 W / 720 W = Taste 1	600 W = Taste 1
Einstellung »Braten« mit 360 / 300 W	360 W / 300 W	360 W = Taste 2	300 W = Taste 2
Einstellung »Auftauen« mit 240 / 180 / 150 W	240 W / 180 W	180 W = Taste 3	150 W = Taste 3
Einstellung »Fortkochen« mit 180 / 150 / 190 / 75 W	180 W	180 W / 90 W = Taste 4	150 W / 75 W = Taste *

Bevor Sie mit Ihrem Mikrowellengerät kochen, sehen Sie nach, mit welcher Leistung Ihr Gerät arbeitet, damit Sie die richtige Zeitangabe wählen.
Die verschiedenen Leistungen Ihres Mikrowellengerätes finden Sie entweder
- in der Gebrauchsanweisung oder
- im Geräteprospekt oder
- am Gerät angeschrieben.

In allen Rezepten sind die Garzeiten für 600-Watt- und für 720-Watt-Geräte angegeben:

> Die kürzeren Zeiten sind für stärkere Geräte mit 720 W, die längeren Zeiten für Geräte mit 600 W.

Mikrowellengeräte mit 500-Watt-Leistung
Wenn Sie ein Mikrowellengerät mit 500-Watt-Leistung haben, stellen Sie die etwas längeren Garzeiten nach folgender Tabelle ein:

Zeit im Kochbuch (längere Zeitangabe) in Minuten	Zeit für 500-W-Geräte in Minuten
½	¾
1	1¼
1½	1¾
2	2½
2½	3
3	3½
3½	4
4	5
4½	5½
5	6
6	7
7	8½
8	9½
9	11
10	12
11	13
12	14½
13	15½
14	17
15	18
16	19
17	20½
18	21½
19	23
20	24
25	30
30	36
35	42
40	48
45	55
50	60
55	65
60	72

Mikrowellengeräte mit 650-Watt-Leistung

Hat Ihr Gerät 650 Watt, dann nehmen Sie eine mittlere Garzeit.

Beispiel: Bei der Angabe 8–10 Minuten wählen Sie bei Ihrem Gerät für das Rezept 9 Minuten.

Mikrowellengerät mit Bratstellung (360/300 Watt)

Hat Ihr Mikrowellengerät eine Bratstellung mit 360 oder mit 300 Watt, dann braten Sie alle größeren Fleischstücke mit dieser Stufe – damit wird Ihr Fleisch innen besonders zart und außen besonders knusprig.

Decken Sie dabei das Fleisch lose ab, dann bleibt Ihr Gerät innen sauber.

Nach dem Braten Fleisch noch 5–10 Minuten nachziehen lassen, damit sich die Wärme noch gleichmäßiger verteilt und das Fleisch beim Anschneiden saftiger bleibt.

Fleisch ca.-Gewicht	Bratzeit in Minuten
500 g	20– 30
750 g	30– 40
1000 g	40– 50
1250 g	45– 55
1500 g	50– 70
2000 g	75–105
2500 g	105–135

Größere Stücke einmal wenden

Mikrowellengeräte mit 90/75 Watt Auftau-/Fortkochstellung

Diese niedrige Stufe eignet sich
1. zum Fortkochen von kleinen Mengen (unter ¾ l oder 750 g),
2. zum Auftauen von empfindlichen Speisen.

Beispiel zum Auftauen mit 90/75 Watt:

Speise	Menge	Zeit in Minuten
Wurst	200 g	5
Quark	250 g	10
Butter	125 g	5 (nach 3/7
	250 g	10 Minuten wenden)
Käse	125 g	3
Sahne	250 g	10 (angetaut schlagen)
Obst-, Käsekuchen	1 Stück	5
Torte	1 Stück	2 (nur antauen)

Nach dem Auftauen im Mikrowellengerät noch ca. 10–20 Minuten bei Raumtemperatur nachtauen lassen.

Tiefgefrorenes mit Mikrowelle schnell aufgetaut ▷

Erste Versuche im Mikrowellengerät

Machen Sie sich mit Ihrem neuen Gerät erst einmal vertraut. Probieren Sie dazu die folgenden Rezepte aus. Sie werden erstaunt sein, wie leicht und schnell Sie mit Ihrem Mikrowellengerät arbeiten.

Eine Tasse Wasser erhitzen

Nehmen Sie eine Kaffeetasse – ohne Gold-, Silberrand oder -dekor – füllen Sie diese mit kaltem Wasser.
1. Tasse in den Garraum stellen.
2. Türe schließen.
3. Einstellung »Garen« oder »Erwärmen« wählen.
4. Zeituhr auf 2–2½ Minuten stellen.
5. Starttaste drücken.
6. Wenn Klingel ertönt, Türe öffnen und Tasse am Henkel herausnehmen.

Das Wasser in der Tasse ist kochend heiß. Die Wärme, die von dem heißen Wasser ausgeht, erhitzt wohl den Tassen»bauch«, der Henkel aber bleibt kalt.

Eine Kartoffel backen

Nehmen Sie eine mittelgroße Kartoffel. Waschen und bürsten Sie die Knolle gut, nicht schälen. Stechen Sie die Kartoffel mit einer Gabel einige Male ein, damit beim Garen der Dampf entweichen kann.

1. Legen Sie die Kartoffel in den Garraum.
2. Türe schließen.
3. Einstellung »Garen« oder »Erwärmen« wählen.
4. Zeituhr auf 3–4 Minuten stellen.
5. Starttaste drücken.
6. Wenn Klingel ertönt, Türe öffnen.

Die Kartoffel ist heiß und gar. Sie können sie mit einem Topflappen herausnehmen. Der Garraum ist kalt bis auf die Stelle, wo die Kartoffel gelegen hat. Schneiden Sie die Kartoffel der Länge nach durch. Untersuchen Sie die beiden Hälften. Sorte, Form und Gewicht der Kartoffel beeinflussen den Garzustand. Stellen Sie folgende Fragen:
1. Ist die Kartoffel hell und undurchsichtig? Ist sie beim Anstechen hart? Dann war die Zeit zu kurz.
2. Ist die Kartoffel an einigen Stellen dunkelgelb, angetrocknet? Dann ist sie übergar.
3. Wenn Sie den Versuch wiederholen, nehmen Sie eine Kartoffel von derselben Größe und Form und verlängern oder verkürzen Sie die Garzeit etwa um 1 Minute.
4. Wenn Sie den Versuch mit 2 Kartoffeln durchführen, stellen Sie die Zeituhr auf die doppelte Dauer ein, also auf 6–8 Minuten.

Einen Schinken-Käse-Toast zubereiten

Bestreichen Sie 1 Scheibe getoastetes Weißbrot mit Butter und belegen Sie sie mit 1 Scheibe gekochtem Schinken. 1 Scheibe Schmelzkäse obendrauf geben. Den Toast auf einen Teller ohne Gold-, Silberrand oder -dekor legen.
1. Teller mit Toast in den Garraum stellen.
2. Türe schließen.
3. Einstellung »Garen« oder »Erwärmen« wählen.
4. Zeituhr auf ¼–½ Minute stellen.
5. Starttaste drücken.
6. Beobachten, bis der Käse schmilzt.
7. Ist der Käse geschmolzen, bevor die Zeituhr abgelaufen ist, Schalter auf 0 drehen. Das Gerät schaltet ab.
8. Türe öffnen, Toast herausnehmen.

Wärmen, Erhitzen und Schmelzen von Speisen und Getränken

Eine besondere Stärke Ihres Mikrowellengerätes ist das Wärmen und Erhitzen von Getränken und Speisen. Schon in kürzester Zeit servieren Sie heiße Getränke, erhitzen Sie Tellergerichte, einen kleinen Imbiß oder geben Sie dem Baby das Fläschchen.

Allgemeine Tips zum Wärmen, Erhitzen und Schmelzen

- Am schnellsten und besten erwärmen Sie Speisen, wenn Sie diese zugedeckt in das Mikrowellengerät geben. Unter der Abdeckung bildet sich eine Dampfschicht, die das Lebensmittel feucht hält und schneller erwärmt. Zum Abdecken verwenden Sie umgedrehte Teller, hitzebeständige Kunststoff-Folien (z. B. Bratfolie), Pergamentpapier oder Abdeckhauben.
- Größere Mengen von Lebensmitteln einmal wenden oder durchrühren. Beim Umrühren (z. B. von Eintöpfen, Brei oder Gemüse) immer die äußeren Schichten in die Mitte rühren, da sich die Ränder am schnellsten erwärmen.
- Vorgebratene Speisen (z. B. panierte Schnitzel, Pommes frites oder Kartoffelkroketten) offen garen, denn die Panade bzw. Kruste wird beim Erwärmen mit Mikrowelle leicht weich.
- Feuchten Sie z. B. Eintöpfe, Kartoffelbrei oder Gemüse ganz leicht an, dann bildet sich keine Haut auf den Lebensmitteln. (Ideal zum Befeuchten ist ein Wäschesprenger oder eine Blumenspritze.)
Gebratenes Fleisch, Frikadellen etc. mit einem Ölfilm einpinseln.
- Beim Erwärmen von Lebensmitteln empfiehlt es sich, ab und zu nachzusehen, ob das Gericht schon heiß genug ist. Da beispielsweise die Menge und die Zusammensetzung von Resten unterschiedlich ausfallen, können hierfür keine verbindlichen Richtzeiten angegeben werden.
- Die Garzeiten hängen von der Menge und von der Temperatur ab: Eine Speise aus dem Kühlschrank benötigt mehr Zeit als ein Gericht mit Zimmertemperatur. Die in den Tabellen angegebenen Zeiten gelten für Speisen aus dem Kühlschrank. Die Zeiten in den Tabellen gelten — sofern nichts anderes vermerkt ist — für die Stellung »Erwärmen«.

In Sekundenschnelle von eiskalt auf zimmerwarm

Viele Lebensmittel entwickeln ihr Eigenaroma erst bei Zimmertemperatur und sollten daher mindestens eine Stunde vor der Mahlzeit aus dem Kühlschrank genommen werden. Ihr

Mikrowellengerät setzt dieser unpraktischen Methode ein Ende. Selbst wenn Sie es eilig haben: In ein paar Sekunden sind Milch oder Rotwein trinkwarm, Butter streichfähig, Joghurt und Tomaten zimmerwarm. Bei Zeitangaben unter 15 Sekunden sollten Sie eine Küchenuhr einstellen oder selbst mitzählen. Zeiten über 15 Sekunden können Sie auf der Zeitskala des Mikrowellengerätes einstellen. (Bei Geräten mit Electronic-Uhr sind natürlich einzelne Sekunden genau einzustellen.)

Im folgenden einige Anwendungsbeispiele zum Anwärmen mit Mikrowellen, die im Rezeptteil nicht nochmals aufgeführt werden:

Milch

Wählen Sie die Stellung »Erwärmen«.

Menge	Zeit
1 Glas Milch (150 ml)	18–22 Sekunden
2 Gläser Milch (300 ml)	¾–1 Minute
½ l	1–1¼ Minuten
1 l	1½–2 Minuten

Die Milch kann in Gläsern, Bechern, Flaschen und Krügen angewärmt werden, auch in den Pappgefäßen, in denen die Milch verkauft wird. Achten Sie darauf, daß sie darin nicht allzulange erhitzt wird, sonst schmilzt die Wachsschicht. Nach dem Anwärmen kurz durchrühren.

Joghurt

Wählen Sie die Stellung »Erwärmen«.

Menge	Zeit in Sekunden
1 Becher (150 ml)	20–25
1 Becher (175 ml)	25–30
1 Becher (200 ml)	30–40
2 Becher (300 ml)	30–40

Von den Bechern die Metalldeckel vollständig abziehen, damit keine Funkenbildung entsteht. Nicht länger erhitzen, sonst schmilzt das Kunststoffgefäß. Nach dem Erwärmen leicht umrühren.

Tomaten (Paprika, Gurken)

Wählen Sie die Stellung »Erwärmen«.

Menge	Zeit in Sekunden
1 Tomate (60 g)	10–12
250 g	30–35

Butter streichfähig machen

Wählen Sie die Stellung »Auftauen«.

Menge	Zeit in Sekunden
50 g (5 °C)	5
125 g (5 °C)	10–15
250 g (5 °C)	20–30

Käse

Wählen Sie die Stellung »Auftauen«

Menge	Zeit in Sekunden
50 g	6
100 g	10–15
250 g	20–30

Zum Wärmeausgleich kurz stehen lassen.

Rotwein

Wählen Sie die Stellung »Erwärmen«.
Wenn Sie Rotwein von 10 °C auf 17 °C anwärmen wollen, benötigen Sie dazu:

Menge	Zeit in Sekunden
¼ l	10–15
0,7 l	30–45

Legen Sie die Flasche mit Korken in den Garraum. Die Metallkappe darf aber die Garraumwände und -tür nicht berühren.

Bier

Wählen Sie die Stellung »Erwärmen«.

Menge	Zeit in Sekunden
½ l	25–30

Auch hier darf die Metallkappe die Garraumwände und -tür nicht berühren.

Speiseeis

Speiseeis aus dem Tiefkühlgerät von − 20 °C ist oft viel zu hart, um es mit echtem Genuß essen zu können. Wenige Sekunden in das Mikrowellengerät, und der Geschmack kommt viel besser zur Geltung!

Mikrowellen vorsichtig dosieren − nur *Auftaustellung* nehmen!

Menge	Zeit in Sekunden
1 Becher 500 ml (− 18 °C)	25

Erhitzen von fertigen Speisen und Resten

Heben Sie Reste nicht mehr in kleinen Töpfen und Tiegeln auf, sondern sofort im Serviergeschirr! Teller, kleine Porzellanschälchen, Suppentassen, Schüsseln aus Glas, Porzellan oder Keramik − darin sind Reste schnell und einfach im Mikrowellengerät heiß! Sie ersparen sich Abwasch, angebrannte Töpfe ..., und das Beste: Mit Mikrowelle erwärmte Speisen schmecken wie frisch − aufgewärmte Reste sind von jetzt an passé!

Sie können alle Lebensmittel im Mikrowellengerät wieder heiß machen: Getränke, Suppen, Soßen, Fisch, Gemüse, Babynahrung und vorgekochte Menüs!

Erwärmungszeiten fertiger Speisen

Speisen	Menge	Zubereitung	Zeit in Minuten
Suppe	1 Teller (¼ l)	nach halber Zeit umrühren	2½−3
	2 Teller (à ¼ l)	nach halber Zeit umrühren	4−5
Fisch (ist leicht verderblich, Reste nur kurz aufheben!)	Fischfilet, 400 g	zudecken, anfeuchten (paniert nicht zudecken)	2½−3
	Fischgulasch aus 500 g Fisch	zudecken, nach halber Zeit umrühren	3−4
	1 Forelle	anfeuchten, zudecken	1¼−1½
Fleisch	6 Frikadellen	offen, mit Öl bestreichen	3½−4½
	1 Schnitzel paniert	offen, mit Öl bestreichen	1¼−1½
	Hackbraten, 500 g	offen, mit Öl bestreichen	5−6
	Schweinshaxe	mit Öl bestreichen, zudecken	6−8
	Kalbsbraten, 5 Scheiben	anfeuchten, zudecken	3−4
	Filetsteak mit Pußtasalat	mit Öl bestreichen, zudecken	2½−3
Würste (beobachten, Würste platzen leicht, evtl. anstechen) *Auftaustellung*	Wienerwurst (1 Paar)	befeuchten, zudecken	2
	Bockwurst (1 Stück)	befeuchten, zudecken	2
	Weißwurst (2 Stück)	befeuchten, zudecken	2¼
	Regensburger (3 Stück)	befeuchten, zudecken	2½ } Auftaustufe!
Geflügel	Hühnerfrikassee, 4 Portionen	zudecken	9−11
	½ Huhn	mit Fett bestreichen, zudecken	3−4
Eintopf (z. B. Linseneintopf)	1 Portion	befeuchten, zudecken	2½−3
	1000 g	befeuchten, zudecken, umrühren	17−20

Erwärmungszeiten fertiger Speisen

Speisen	Menge	Zubereitung	Zeit in Minuten
Auflauf	1 Portion	befeuchten, zudecken	1½–2
Beilagen (fertig gegart)	Kartoffeln, 4 Portionen	befeuchten, zudecken	2½–3
	Reis, 100 g	befeuchten, zudecken	¾–1
	300 g	befeuchten, zudecken	2–2½
	500 g	befeuchten, zudecken	3–4
	Nudeln, 300 g	befeuchten, in etwas Butter schwenken, zudecken	2–2½
	500 g	befeuchten, in etwas Butter schwenken, zudecken	3–4
Gemüse (s. auch Rezeptteil: Gemüse aus Dosen und Gläsern)	150 g	befeuchten, zudecken	1–1¼
	300 g	befeuchten, zudecken	2–2½
	500 g	befeuchten, zudecken	3½–4½

Haben Sie andere als hier aufgeführte Gerichte oder Mengen, so nehmen Sie die Zeit von dem Gericht, das dem Ihren am ähnlichsten ist.
Sind die Speisen tiefgefroren, nehmen Sie die 2- bis 3fache Zeit. Dabei ein- oder mehrmals umrühren.

Faustformel für das Erhitzen von Speisen:
Pro 100 g ca. 1 Minute

Flüssigkeiten erhitzen und ankochen

Zum Beispiel: Suppe, Kaffee, Tee, Wasser, Milch. Wenn vom morgendlichen Frühstück noch ein Täßchen Kaffee übriggeblieben ist, so stellen Sie die Tasse mit dem Kaffee in das Mikrowellengerät, in 1–2 Minuten ist der Kaffee wieder heiß; aber lassen Sie speziell wiedererwärmten Kaffee nicht kochen, er schmeckt sonst nicht mehr frisch.

Erhitzen von Flüssigkeiten von Kühlschranktemperatur (5 °C) bzw. Zimmertemperatur (20 °C) auf Trinktemperatur (60–70 °C)

Menge/ml	Flüssigkeiten aus dem Kühlschrank	Flüssigkeiten von Zimmertemperatur
150 (=1 Tasse)	1¼–1½ Min.	1–1¼ Min.
250 (= ¼ l)	2–2½ Min.	1¾–2¼ Min.
500 (= ½ l)	3½–4½ Min.	3¼–4¼ Min.
750 (= ¾ l)	6½–8 Min.	5–6½ Min.

Ankochen von Flüssigkeiten von Kühlschranktemperatur (5 °C) bzw. Zimmertemperatur (20 °C)

Menge/ml	Flüssigkeiten aus dem Kühlschrank	Flüssigkeiten von Zimmertemperatur
150 (=1 Tasse)	2–2½ Min.	1¾–2¼ Min.
250 (= ¼ l)	3–4 Min.	2¾–3½ Min.
500 (= ½ l)	6–7½ Min.	5–6 Min.
750 (= ¾ l)	9½–12 Min.	8–10 Min.

Tellergerichte, rasch serviert

Wenn Sie verschiedene Speisen auf einem Teller im Mikrowellengerät erhitzen, achten Sie auf die unterschiedliche Erwärmungszeit der jeweiligen Speisen. So braucht z. B. ein dickes Stück Fleisch eine längere Garzeit als eine Portion Kartoffeln oder Gemüse. Daher sollten Sie das Lebensmittel, das nicht so lange erhitzt werden muß, mit einem Stückchen Alufolie abdecken. Nicht vergessen: Die Alufolie darf die Garraumwände und die Gerätetür nicht berühren! Die Zeiten gelten für Gerichte aus dem Kühlschrank. Bei tiefgefrorenen Tellergerichten sollten Sie etwa die 2- bis 3fache Zeit rechnen, bis die Speisen aufgetaut und heiß sind.

Babynahrung, im Handumdrehen zubereitet

Das Erwärmen von Baby- und Kleinkindernahrung bereitet viel Mühe; mit Ihrem Mikrowellengerät jedoch erleichtern Sie sich die Arbeit: Sie benötigen kein Wasserbad und auch kein zusätzliches Gerät zum Fläschchen-Erwärmen. Sie brauchen lediglich von den Gläsern den Deckel abzuschrauben und das Glas in den Garraum hineinzustellen. Sie können das Gericht aber auch gleich auf einen Kunststoffteller geben, wie sie z. B. von Herstellern von Babynahrung angeboten werden.

Tellergerichte

Tellergericht	Zubereitung	Zeit in Minuten
Jägerschnitzel mit Reis und Gemüse	befeuchten und abdecken	2½–4
Wiener Schnitzel mit Kartoffeln und Gemüse	Schnitzel mit Öl bestreichen, Kartoffeln und Gemüse befeuchten, zudecken	2½–4
Gulasch mit Nudeln	befeuchten, zudecken	2½–4
Schweinebraten mit Sauerkraut und Kartoffeln	befeuchten, zudecken	1½–4
Eisbein mit Sauerkraut und Kartoffeln	befeuchten, zudecken; Sauerkraut und Kartoffeln mit Alufolie zudecken und weiter erhitzen	2–5 +1–2
Hasenkeule mit Nudeln und Gemüse	befeuchten, zudecken; Beilagen mit Alufolie zudecken und weiter erhitzen	2–4 +1–2

Fertigkost in Gläsern

Von den Gläsern den Deckel abschrauben und das Glas in das Mikrowellengerät stellen.

Menge	Zeit
1 Glas (200 g) aus dem Kühlschrank:	1–1¼ Minuten
mit Zimmertemperatur:	½–¾ Minute
1 Glas (100 g) aus dem Kühlschrank:	½–¾ Minute
mit Zimmertemperatur:	20–25 Sekunden

Nach dem Erwärmen gut umrühren, damit die Wärme gleichmäßig verteilt wird. Bevor Sie das Essen Ihrem Kind geben, Temperatur prüfen!

Milch in der Flasche

Auch die Milchflasche können Sie mit Sauger in das Mikrowellengerät geben. Ist die Flasche höher als der Innenraum des Mikrowellengerätes, stellen Sie die Flasche schräg und legen Sie eine Tasse oder ein kleines Schälchen unter den Flaschenhals.

Die nachfolgende Tabelle gibt Garzeiten für Milch aus dem Kühlschrank an. Milch mit Zimmertemperatur braucht je nach Menge zwischen 5 bis 20 Sekunden weniger.

Menge	Zeit in Sekunden
60 g	20–25
90 g	30–35
120 g	30–40
150 g	40–50
180 g	45–55
200 g	50–65

Bevor Sie Ihrem Baby die Milch geben, Fläschchen durchschütteln und Temperatur prüfen!

Problemloses Schmelzen

Das Schmelzen von Butter, Schokolade oder Glasuren ist eine langwierige Angelegenheit, wenn diese auf konventionelle Art im Wasserbad zubereitet werden. Im Mikrowellengerät lassen sich diese Lebensmittel ganz problemlos schmelzen.

Gelatine
Gelatinepulver (für ½ l Flüssigkeit) mit 5 Eßlöffeln Wasser in einer Tasse anrühren. 10 Minuten stehen lassen. 20–25 Sekunden im Mikrowellengerät flüssig machen. Umrühren ist nicht notwendig.

Tortenguß
Das Pulver mit ¼ l Flüssigkeit in einer Schüssel anrühren, im Mikrowellengerät 2¾–3½ Minuten bis zum Kochen erhitzen. Nach 1 und nach 2½ Minuten umrühren.

Honig
Kristallisierten Honig können Sie wieder flüssig machen, indem Sie 500 g festen Honig im Glas 4 Minuten bei Stellung »Auftauen« erwärmen. Dabei müssen Sie unbedingt den Deckel abschrauben. Nach 3 Minuten umrühren. Nur durch diese Methode ist es möglich, den Honig wieder flüssig zu machen, ohne daß er zu heiß wird und dabei wertvolle Inhaltsstoffe unwirksam werden.

Butter
In einen Behälter geben und in den Garraum stellen.

Menge	Zeit in Minuten
50 g	½
100 g	1 –1¼
150 g	1¼–1½
200 g	1½–2
250 g	2 –2½

Schokolade
Zerkleinern und in einen Behälter geben. Ein- bis zweimal umrühren.

Menge	Zeit in Minuten
50 g	¾–1
100 g	1½–2

Kuchenglasur
Glasur in eine Tasse umfüllen (nicht im Packungsbehälter schmelzen, da dieses Kunststoffmaterial zum Mikrowellen-Kochen ungeeignet ist).

Menge	Zeit in Minuten
150 g	¾–1
100 g	½–¾

Mikrowellengerät: idealer Partner für Tiefkühlkost

Ihr Mikrowellengerät ist ein ausgezeichnetes Auftaugerät – die perfekte Ergänzung zur Tiefkühlkost! Sie brauchen nicht mehr am Tag vorher die tiefgekühlten Lebensmittel aus dem Tiefkühlgerät zu entnehmen, sondern diese Speisen sind mit einem Mikrowellengerät in kurzer Zeit aufgetaut, erwärmt und gegart. Sie können wahlweise auftauen, auftauen und erwärmen oder aber auch in *einem* Arbeitsgang auftauen und garen!

Allgemeine Tips zur Auftau-Praxis

Auch Mikrowellen tauen ein Lebensmittel von außen nach innen auf. Die äußere Schicht ist zuerst aufgetaut und kann sich sogar erwärmen, während das Innere des Nahrungsmittels noch gefroren ist.

- Wählen Sie das richtige Geschirr zum Auftauen, keine geschlossenen Alubehälter nehmen. Kunststoff-Folien und -Behälter müssen hitzebeständig sein, daher Fertiggerichte in Kochbeuteln besser umfüllen.
- Mit der *Auftaustufe* werden alle empfindlichen Lebensmittel und solche, die nicht warm werden sollen, aufgetaut (Beeren, Kuchen, Tartar, Brot). Ebenso dicke oder umfangreiche Stücke. Die Auftaustufe arbeitet mit einer niedrigeren Leistung, dadurch tauen die Lebensmittel langsamer und gleichmäßiger auf.
- Bei tiefgefrorenen Speisen, die Sie sowieso im Mikrowellengerät erwärmen oder garen wollen, wählen Sie die Einstellung »Erwärmen« oder »Garen« – das Auftauen vollzieht sich dann schneller.
- Dicke Stücke ein paarmal wenden, damit sie von allen Seiten auftauen.
- Gefriergut, das aus kleinen Einzelteilen besteht (Reis), nach dem Antauen voneinander lösen und eventuell mehrmals umrühren. Flüssige oder breiförmige Lebensmittel ebenso behandeln!
- Wenn ein Lebensmittel, das nur auftauen soll, trotz Auftaustellung außen warm wird, schalten Sie zwischendurch einmal kurz die Mikrowelle ab – in der Pause gleicht sich die Wärme aus.
- Lebensmittel, die nur auftauen sollen, schon dann aus dem Mikrowellengerät nehmen, wenn sie innen noch gefroren sind. Durch den Wärmeausgleich tauen sie vollständig auf. Dazu gehören z. B. Sahnetorten, Tartar oder Butter.

Beispiele zur Auftaustufe (240/180 W)

Lebensmittel, die nur aufgetaut, aber nicht erwärmt werden sollen, nur mit der Auftaustufe auftauen und eventuell zusätzlich Pausen einlegen. Zu diesen Lebensmitteln gehören z. B. Hähnchen, Bratenfleisch, Kuchen, Torten, Obst, Beeren und Wurst.

Einige Beispiele sollen Ihnen diesen Vorgang verdeutlichen:

Hähnchen (1000 g) mit Innereien

Verpackung entfernen. Das untere Viertel des Hähnchens (Beine) in Alufolie wickeln. In einer flachen Schale 12–17* Minuten bei der Stellung »Auftauen« belassen. Die Alufolie entfernen und das Hähnchen wenden. Weitere 8–10* Minuten bei der Stellung »Auftauen« belassen. Jetzt noch einige Minuten ohne Mikrowelle nachtauen lassen. Innereien entfernen und wie gewohnt braten oder grillen.
Bei Zimmertemperatur würde das Auftauen statt ½ Stunde 6–7 Stunden dauern!

Fleisch (1500 g)

In einer flachen Schale am besten ohne Abdeckung auftauen. Mit Auftaustufe 15–20* Minuten auftauen. Das Fleisch wenden und einige Minuten ohne Mikrowelle stehenlassen. Nun weitere 15–20* Minuten bei Auftaustufe auftauen und dann noch einige Minuten ohne Mikrowelle nachtauen lassen.
Dieser Auftauvorgang dauert etwa ¾ Stunde und erscheint im Vergleich zu den sonstigen Zeiten beim Mikrowellenkochen relativ lang. Beim Auftauen in Zimmertemperatur jedoch müßten Sie zwischen 6–8 Stunden rechnen.

* Die kürzeren Auftauzeiten gelten für die Auftaustufe mit 240 W, die längeren Auftauzeiten für Auftaustufen mit 180/150 W Leistung.

Kastenkuchen

1 ganzer (ca. 1000 g) Kastenkuchen. Bei Einstellung »Auftauen«: 10–12* Minuten. In Scheiben schneiden, die einzelnen Scheiben noch kurz nachtauen lassen.
Bei Zimmertemperatur benötigen Sie dazu 2–4 Stunden.

Beeren

250 g Beeren in offenem Teller auftauen. Bei Einstellung »Auftauen«: 6–7* Minuten. Kurz nachtauen lassen.
Bei Zimmertemperatur benötigen Sie dazu 2–3 Stunden.

Toastbrot (500 g)

Das verpackte Toastbrot bei der Stellung »Auftauen« rund 5–7* Minuten auftauen. Danach noch etwas nachtauen lassen.
Im Backofen benötigen Sie dafür 40 Minuten.

Vom Auftauen übers Erwärmen zum Garen

Wollen Sie Lebensmittel auftauen und erwärmen, dann nehmen Sie von Anfang an die Einstellung »Erwärmen«. Lebensmittel ein- bis zweimal umrühren und neu verteilen. Immer die inneren (= kalten) Teile nach außen, die äußeren (= warmen) Teile nach innen rühren.

Fertigsuppe im Kochbeutel 250 g

1 Minute auf »Erwärmen« im Beutel antauen. Beutel aufschneiden, Suppe in Teller füllen, zudecken, 4–5 Minuten auf »Erwärmen«. Nach 3 Minuten und vor dem Servieren umrühren.
In kochendem Wasser benötigen Sie 20 Minuten dazu.

Fertiggericht im Kochbeutel (450 g)

1½ Minuten auf »Erwärmen« im Beutel antauen. Beutel aufschneiden, Gericht in Suppenteller oder Schüssel füllen, zudecken. 8–10 Minuten auf »Erwärmen«. Nach 5 Minuten und vor dem Servieren umrühren.
In kochendem Wasser benötigen Sie ½ Stunde dazu.

Tellergericht
(2 Scheiben Braten mit Soße und Beilage)

Gefrorenes Tellergericht auf einem Eßteller befeuchten, zudecken und auf »Erwärmen« stellen, auftauen und erwärmen: 8–10 Minuten. Fleisch einmal wenden.
Im Backofen benötigen Sie eine ¾ Stunde.

Reis, Nudeln

Reis: gegarter Reis (450 g), mit 3–4 Eßlöffeln Wasser zugedeckt, auf »Erwärmen« 5–7 Minuten. Einmal umrühren.
Nudeln: gegarte Nudeln (300 g), mit 3–4 Eßlöffeln Wasser zugedeckt, auf «Erwärmen« 5–7 Minuten. Einmal umrühren.

Gulasch (fertig, tiefgekühlt 500 g)

In einer gut abgedeckten Schüssel auf »Erwärmen« 5 Minuten, dann umrühren, weitere 5 Minuten erhitzen, wieder umrühren und je nach Gerät noch 3–6 Minuten erhitzen.

Wenn Sie ein tiefgekühltes Lebensmittel auftauen und im Anschluß auch garen wollen, dann wählen Sie die Einstellung »Garen« am Mikrowellengerät. Beim Garen von tiefgekühlter Kost sollten Sie all die Ratschläge und Tips beherzigen, die auf den Seiten 16 f. genannt wurden; so erzielen Sie optimale Ergebnisse beim Kochen mit Mikrowelle!

Hinweis

Alle oben angegebenen Zeiten gelten für Speisen direkt aus dem Tiefkühlgerät. Liegen die Speisen schon einige Zeit außerhalb des Tiefkühlgerätes oder sind sie schon aufgetaut, verkürzen sich die angegebenen Zeiten etwas.

Auftauzeiten verschiedener Speisen

Die Tabelle gilt für Lebensmittel, die nur auftauen sollen, aber nicht warm werden dürfen. Bei solchen Produkten wird immer nur mit der *Auftaustellung* gearbeitet. Die Lebensmittel werden noch mit einem gefrorenen Kern heraus-

Auftauzeiten verschiedener Speisen

Speisen	Menge	Zeit in Minuten Stellung »Auftauen«	Nachtauzeit in Minuten bei Raumtemperatur	Besonderheiten/Hinweise
Fleisch im Stück	200 g 500 g 1000 g 1500 g	4–8 13–18 20–30 30–40	10 10 15 15	während der Auftauzeit 1mal wenden
Hackfleisch	500 g	10–15	15	nach halber Auftauzeit aufgetaute Teile nach innen, gefrorene nach außen legen
Innereien	500 g	10–15	15	während der Auftauzeit 1mal wenden
Wurst magere Sorten fette Sorten	200 g 200 g	3–5 2–4	10 20	aufgetaute Scheiben evtl. früher herausnehmen
Geflügel Hähnchen Ente Gans, Pute	1 kg 2 kg 3 kg	25–30 30–45 50–60	15 30 45	1mal wenden; Flügel und Keulen nach halber Zeit mit Alufolie bedecken
Wild	1 kg 3 kg	25–30 45–60	15 60	1mal wenden
Fisch und Meerestiere	250 g 500 g 1000 g	4–8 8–15 15–30	15 25 30	nach halber Auftauzeit wenden ganzer Fisch; 1mal wenden

Auftauzeiten verschiedener Speisen

Speisen	Menge	Zeit in Minuten Stellung »Auftauen«	Nachtauzeit in Minuten bei Raumtemperatur	Besonderheiten/Hinweise
Molkereiprodukte				
Quark	250 g	3– 6	20	1mal verrühren
Butter	250 g	3– 5	20	Alufolie entfernen, 1mal wenden
Käse	125 g	1–2	10	} nur antauen lassen
	500 g	4– 6	30	
Sahne	250 g	2–3	—	nur antauen, gefrorene Stücke verrühren, noch leicht gefroren schlagen
Brot				
Brötchen	1 Stück	½	5	} 1mal wenden
	4 Stück	1½–2	5	
Weißbrot	500 g	4–8	10	
Graubrot,	60–80 g	½–1	3	
Schwarzbrot	500 g	5–8	10	
Kuchen				
trocken	100 g	1–1½	5	
	300 g	2–4	5	
Obstkuchen	450 g	10–14	10	
Käsekuchen	1 Stück	2–4	5	
Torte	1 Stück	½–1	10	nur antauen, bei Raumtemperatur auftauen lassen
Obst				
Beeren	100 g	1–3	5	} möglichst flach ausbreiten
	250 g	5–7	5	
	500 g	7–11	10	
Steinobst	100 g	2–3	5	} 1mal neu verteilen
	500 g	8–12	10	

genommen und bei Zimmertemperatur vollständig aufgetaut – dann verteilt sich die Temperatur gleichmäßig. Ein etwas langsameres Auftauen ist schonender und ergibt ein besseres Ergebnis.

Bitte beachten

Die *kürzere Zeit* gilt für Geräte mit einer Auftaustufe von 240 W Leistung bzw. für Lebensmittel, die

● schon einige Zeit bei Raumtemperaturen außerhalb des Tiefkühlgerätes liegen,
● schon etwas angetaut sind,
● flacher sind als üblich,
● die noch einen eisigen Kern haben sollen.

Die *längere Zeit* gilt für Geräte mit einer Auftaustufe von 180/150 W Leistung bzw. für Lebensmittel, die

● direkt aus dem Tiefkühlgerät kommen,
● etwas höher und kompakter sind als üblich,
● innen ganz aufgetaut sein sollen.

Tiefkühlkost aus dem Angebot des Lebensmittelhandels
Eignung und Zubereitung verschiedener Produkte im Mikrowellengerät

Die Zeiten gelten für die Einstellung »Garen«

Produkt	Sorte	Eignung	Menge	Wasser-zugabe	Zeit in Minuten	Bemerkungen, Zubereitung, Gewürze
Gemüse	Spinat roh	sehr gut	150 g 300 g 450 g 600 g	— — — —	5–6 8–10 12–15 15–18	2–3mal umrühren evtl. mit etwas Sahne verbessern, geröstete Zwiebeln zugeben
	Spinat-zuberei-tungen	sehr gut	150 g 300 g 450 g 600 g	— — — —	4–5 5½–7 8–10 11–14	1–2mal umrühren
	Blatt-spinat roh	sehr gut	300 g	—	8–10	1mal wenden, mit Zwiebeln, Salz, Sahne würzen
	Grünkohl roh	befriedi-gend	450 g 600 g	⅛ l	22–25	12–15 Minuten »Garen« und 10 Minuten »Fortkochen« 3mal umrühren, mit Speck, Zwiebeln würzen, evtl. mit Mehl binden
	Erbsen roh	gut	300 g 450 g	4 Eßlöffel 6 Eßlöffel	9½–12 11–14	salzen, in Butter schwenken
	Bohnen roh	befriedi-gend	300 g 450 g	⅛ l	9½–12 12–15	2–3mal umrühren, salzen, in Butter schwenken

Die Zeiten gelten für die Einstellung »Garen«

Produkt	Sorte	Eignung	Menge	Wasser-zugabe	Zeit in Minuten	Bemerkungen, Zubereitung, Gewürze
Gemüse	Rosenkohl roh	sehr gut	300 g	3 Eßlöffel	6½–8	mit Salz, Butter, Muskat, Sahne würzen
	Kohlrabi roh	gut	300 g	5 Eßlöffel	12–15	2mal umrühren, mit Salz, Butter, Muskat, Sahne würzen
	Brokkoli roh	sehr gut	300 g	3 Eßlöffel	7½–9	mit Salz, Butter würzen
	Mais-kolben roh	sehr gut	450 g	5 Eßlöffel	9–11	1mal wenden, mit Salz, Butter würzen
	Blumen-kohl roh	sehr gut	300 g	5 Eßlöffel	8–10	1mal umrühren, mit Salz, Butter, Muskat verbessern
	Spargel roh	befriedi-gend	300 g	bedeckt	27–30	15 Minuten »Garen« und 15 Minuten »Fortkochen« Salz, Butter zugeben
	Misch-gemüse roh	gut	300 g 450 g	5 Eßlöffel 6 Eßlöffel	9½–12 12–15	1mal umrühren, mit Salz und Butter würzen
	Apfel-rotkohl, vorgegart	gut	450 g 600 g	4 Eßlöffel 6 Eßlöffel	10½–13 13–16	1–2mal umrühren
	Porree, vorgegart	sehr gut	450 g	3 Eßlöffel	8–10	1mal umrühren

Die Zeiten gelten für die Einstellung »Auftauen« bzw. »Garen«

Produkt	Sorte	Eignung	Menge	Zeit in Minuten	Bemerkungen, Zubereitung
Beeren- obst	Erdbeeren roh	gut	250 g 300 g	5–7 6–8	»Auftauen«, in einem Teller offen auftauen
	Himbeeren roh	gut	250 g 300 g	5–7 6–8	»Auftauen«, in einem Teller offen auftauen
	Heidelbeeren roh	gut	300 g	6–8	»Auftauen«, in einem Teller offen auftauen
Kartoffel- produkte	Pommes frites Kartoffelpuffer Kartoffelkroketten Bratkartoffeln Rösti	sind ungeeignet; diese Produkte werden im Mikrowellengerät nicht knusprig – besser ist das Ausbacken konventionell im Fett			
Fisch	Fischfilet roh	sehr gut	250 g 400 g	5½–7 10–12	Zubereitung je nach Rezeptur
	Fischfilet, paniert Fischstäbchen Backfisch Fischecken	ungeeignet	—	—	Auftauen und Vorgaren mit Mikrowelle und Fertigbraten konventionell, z. T. Zeiteinsparung bis 15 Minuten möglich
Fleisch	Fertiggericht im Kochbeutel	sehr gut	450 g	9–11	aus dem Beutel herausnehmen, geschlossen garen, 2mal umrühren
	Hacksteaks, vorgebraten	gut	125 g	2½–3	offen garen

Die Zeiten gelten für die Einstellung »Garen«

Produkt	Sorte	Eignung	Menge	Zeit in Minuten	Bemerkungen, Zubereitung
Fleisch	Steaklets, vorgebraten	gut	150 g	2½–3	offen garen
	Bratwürste	ungeeignet	—	—	besser in heißem Fett braten
Speziali-täten	östliche Fertig-gerichte im Kochbeutel	sehr gut	450 g	9–11	ohne Kochbeutel garen
	Pizza	unge-eignet/ geeignet	—	—	die Oberfläche und der Teig werden nicht gebräunt, gute Ergebnisse mit Bräunungsgeschirr
	Pfannen-gericht, paniert oder in Backteig	ungeeignet	—	—	besser in heißem Fett in der Pfanne braten
	Frühlingsrolle	ungeeignet	—	—	durch Vorgaren mit Mikrowelle (3 Minuten »Garen«) statt 20 Minuten Bratzeit nur noch 3 Minuten
Teig-waren, Kuchen	Backen im Mikrowellengerät ist nur in Ausnahmefällen möglich. Das Auftauen von Teigen und fertigen Backwaren (Ausnahme: Sahnetorte) ist sehr gut möglich.				
Suppen	Suppen, bei denen eine Wasserzugabe erforderlich ist, sind sehr gut geeignet, ein Zeitvorteil ist jedoch nicht zu erreichen.				

Die Fortkoch-automatik

Mikrowellengeräte, die mit einer Fortkochautomatik ausgerüstet sind, haben zusätzlich folgende Vorteile:

- Die Leistung beim Fortkochen ist dem »Köcheln« angepaßt.
- Es können Gerichte mit langer Garzeit (bis zu 2 Stunden) und größere Stücke gegart werden.
- Die Rezeptsammlung kann durch neue Gerichte erweitert werden.
- Das Fortkochen funktioniert automatisch: kein Umschalten, kein Beaufsichtigen.

Einführung in die neue Art zu kochen mit der Fortkochautomatik

Im folgenden werden speziell die Besonderheiten und die praktische Anwendung der Fortkochautomatik behandelt.

Was bedeutet Fortkochen?

Das Mikrowellengerät mit Fortkochautomatik hat verschiedene Leistungsstufen:

- Eine hohe Leistung (600/720 W) zum Erwärmen und Garen.
- Auftaustufen mit verringerter Leistung (90/180/240 W) zum schonenden Auftauen.
- Eine Fortkochautomatik (180/90 W), die nur noch ein Drittel der hohen Leistung beträgt. Es ist möglich, bis zu 2 Stunden mit der Fortkochleistung zu garen. Nach einer vorgewählten Ankochzeit hält die Fortkochautomatik das Gericht bis zu 2 Stunden am Sieden, Garen oder »Köcheln«.

Warum Fortkochen?

Es gibt einige Lebensmittel, die bis jetzt nicht im Mikrowellengerät zubereitet werden konnten, weil diese zwar gar, aber nicht sehr zart wurden (z. B. ein Stück Suppenfleisch) oder sie wurden außen schon trocken und innen waren sie noch nicht durchgegart (z. B. ein größerer Schweinebraten). Auch Lebensmittel, die in Wasser quellen oder ziehen müssen, können jetzt mühelos und automatisch im Mikrowellengerät gekocht werden: Reis, Nudeln etc. Die Fortkochautomatik sorgt dafür, daß nichts überkocht, sondern das Gericht langsam und gleichmäßig kocht. Denn nur so werden einige Speisen, vor allem Fleisch, weich und zart, andere können bei richtiger Temperatur ausquellen (Reis), ohne anzubrennen, festzukleben oder überzukochen.

Wann Fortkochen?

Die meisten Lebensmittel werden am schnellsten und besten mit hoher Leistungsstufe gegart. Denn der große Vorteil der Mikrowellen liegt darin, daß Lebensmittel fast ohne Wasser- oder Fettzugabe garen, und zwar durch die eigene Feuchtigkeit. Einige Lebensmittel aber müßten dabei so lange garen, daß die Eigenfeuchtigkeit schon verdampft wäre, bis das Lebensmittel weich geworden ist. Durch die niedrige Leistung kann ein Wärmeausgleich besser stattfinden.

Für folgende Lebenmittel eignet sich die Fortkochstufe besonders gut:
- Nahrungsmittel, die *quellen* müssen, d. h., die Wasser oder Milch aufsaugen müssen: Reis, Milchreis, Grieß, Sago, Teigwaren (Nudeln, Spätzle), Hülsenfrüchte, Trockenobst und Trockensuppen.
- Nahrungsmittel, die für das richtige *Aussehen* in Wasser oder Soße gegart werden: Klöße, Suppenfleisch.
- Speisen, die *zartgaren* müssen: Viele Fleischgerichte, wie z. B. Gulasch oder Rouladen, müssen eine bestimmte Zeit in der Soße langsam dünsten oder schmoren, damit sich der richtige Geschmack entfaltet und damit das Fleisch mürbe und zart ist. Auch einige Gemüsesorten, wie Spargel oder Kohl, werden in etwas mehr Wasser gekocht, damit sie nicht austrocknen. Diese werden angekocht und mit sanfter Hitze weichgekocht.
- Große und dicke *Braten* oder ein ganzer *Fisch* würden bei großer Leistung außen austrocknen und innen noch nicht durchgegart sein. Deshalb gart man auch hier (ungefähr die halbe Zeit) auf Fortkochstufe. Die niedrige Hitze macht das Fleisch zart und es bleibt auch saftig.

Praktische Hinweise zur Fortkochautomatik

Geschirr

Am besten geeignet sind Terrinen aus Glas, Porzellan oder Keramik. Beim Fortkochen werden die meisten Gerichte geschlossen gekocht, denn bei längeren Garzeiten würde im offenen Topf zuviel Flüssigkeit verdampfen. Deshalb muß der Deckel der Terrine oder der Schüssel gut schließen. Gut eignen sich Terrinen von Ihrem Service, Pyrex, Pyroflam oder hitzebeständiger Kunststoff (bis 180 °C hitzefest). Fleischstücke oder Braten, die längere Zeit in Soße schmoren müssen, trocknen oben nicht aus, wenn alle Teile, die aus der Soße herausragen, mit einem Stück Alufolie abgedeckt werden. Der Deckel muß aber trotzdem das Gefäß verschließen.

Mengen

Bekanntlich braucht im Mikrowellengerät eine größere Menge auch längere Zeit. Beim Fortkochen ist es wichtig, auf Ankoch- und Fortkochzeit zu achten. Die Ankochzeit ist immer von der Menge abhängig (also bei doppelter Menge auch doppelte Ankochzeit). Die Fortkochzeit ist nicht von der Menge abhängig: Zum Beispiel braucht Reis gut 20 Minuten, um auszuquellen, egal, ob 2 oder 3 Portionen zubereitet werden. Bei Braten oder Fisch sind auch die Fortkochzeiten je nach Größe verschieden.

Portionen

Viele der Rezepte sind für mehrere Personen berechnet. Bei manchen Gerichten ergibt erst eine größere Menge ein schmackhaftes Ergebnis. Auch ist es praktischer und billiger, eine größere Menge auf einmal fortzukochen.
Wenn nur für einen kleinen Haushalt Mahlzeiten zubereitet werden, ist es trotzdem besser, mehrere Portionen zu kochen und die restlichen Mengen portioniert einzufrieren. Beim nächsten Mal – im Mikrowellengerät aufgetaut und erhitzt – gibt es überhaupt keine Arbeit und ein Essen, das wie frisch zubereitet schmeckt.

- Alle Rezepte, die bevorzugt in Geräten mit der Fortkochautomatik zubereitet werden, sind entsprechend gekennzeichnet.
- Wenn Sie ein Gerät ohne Fortkochautomatik besitzen, können Sie die Speisen auch kochen, indem Sie statt der Fortkochleistung die Auftaustellung verwenden. Nach dem Ankochen schalten Sie auf »Auftauen«.
- Haben Sie ein Mikrowellengerät, das Ihnen zwei Leistungen zum Fortkochen bietet, so verwenden Sie die größere Leistung für größere Mengen, die kleinere Leistung für kleinere Mengen:

  180/150 W   für Mengen   über ¾ l
  90/ 75 W   für Mengen   unter ¾ l
  Die Fortkochzeiten ändern sich dabei nicht.
- Spezielle Hinweise für die einzelnen Speisengruppen finden Sie im Rezeptteil.

Rezeptteil

Vor dem praktischen Anwenden der Rezepte zu beachten:

- Bei jedem Rezept ist zuerst angegeben, welche Zutaten Sie benötigen, welches Gefäß empfohlen wird, ob das Gericht offen oder zugedeckt gegart wird, welche Einstellung Sie wählen und wie lange die Garzeit beträgt.
- Lesen Sie auch jeweils die Arbeitsanleitung genau durch; denn beim Kochen mit Mikrowellen weicht die Vor- und Zubereitung manchmal vom Kochen mit konventionellen Herden ab. Es wurde jeweils die beste und rationellste Methode ermittelt, um den Arbeitsgang sinnvoll zu gestalten.
  Arbeiten Sie genau nach den Angaben, damit Sie Spaß und Freude am Kochen mit dem Mikrowellengerät haben!
- Die kürzeren Zeitangaben gelten für die etwas stärkeren Geräte mit 720 W, die längeren Zeiten sind für Geräte mit 600 W.
- Die Leistung der Geräte desselben Typs könnte ausnahmsweise technisch bedingt etwas schwanken. Die angegebenen Garzeiten können also für Ihr Mikrowellengerät entweder alle etwas zu lang oder zu kurz sein. Stellen Sie dann entsprechend längere oder kürzere Zeiten ein.
- Einige Rezepte sind nur mit dem Mikrowellengerät mit 2-Stunden-Fortkochautomatik oder mit Electronic-Uhr möglich. Das ist bei den entsprechenden Rezepten vermerkt.

Suppen und Soßen

Wenn Sie Suppen und Soßen im Mikrowellengerät kochen, keine Angst, es kann nichts anbrennen und Sie brauchen nicht ständig umrühren.

Helle Soßen oder Fertigsoßen lassen sich gut mit Mikrowelle zubereiten. Meist geben Sie hier alle Zutaten auf einmal in das Mikrowellengerät. Beim Ausquellen gelegentlich umrühren, die Stärke oder das Mehl setzen sich sonst ab.

Dunkle Soßen brauchen ein rasches Anbräunen – das gelingt auf Ihrer Kochplatte besser. Bei Suppen hängt die Zubereitung von der Art der Zutaten und der Suppeneinlagen ab. Zutaten, die ohne Brühe mit Mikrowelle schneller gar werden, werden zuerst gegart und dann erst mit Brühe aufgegossen. Bei allen anderen Suppen können sämtliche Zutaten in einem Geschirr in das Gerät gegeben werden und je nach Rezept bei voller Mikrowellenleistung oder bei reduzierter Leistung fertiggegart werden.

Klare Brühe (Fleischbrühe, Hühnerbrühe, Knochenbrühe): Wird kalt angesetzt, aufgekocht und dann je nach Fleisch 1–2 Stunden fortgekocht – denn nur so lösen sich alle Geschmacksstoffe und Mineralstoffe und ergeben eine kräftige Brühe und zartes mürbes Fleisch.

Suppeneinlagen: Fortkochen ist notwendig bei Einlagen, die quellen müssen: Teigwaren, Klöße, Grieß, Reis, Sago, Grütze, Erbsen, Linsen und Bohnen. Ferner bei Zutaten, die zartgaren müssen: Gulasch, Ochsenschwanz. Brühe bei voller Leistung zum Kochen bringen und bei reduzierter Leistung fertigkochen. Teigwaren, Nockerl, Klöße am besten erst in die heiße Brühe geben.

Lassen Sie sich durch die folgenden Beispiele anregen! Nach einiger Erfahrung garen Sie dann alles, was sie bisher zubereitet haben, Ihre Lieblingssuppen und Ihre Lieblingssoßen mit Mikrowelle!

- Sie können die Rezepte natürlich jederzeit auf die Personenzahl in Ihrer Familie abstimmen. Vermeiden Sie jedoch sehr große Mengen. Die Zeiten ändern sich dann entsprechend:
doppelte Menge = fast doppelte Zeit
halbe Menge = halbe Zeit

- Die angegebenen Zeiten sind Anhaltswerte und können sich je nach Zutaten, Alter und Sorte der Lebensmittel, Gefäßen oder Anfangstemperaturen geringfügig verlängern oder verkürzen.

- Die kürzeren Zeiten sind für Geräte mit 720 W Leistung, die längeren Zeiten für Geräte mit 600 W Leistung.

Zwiebelsuppe
Foto

2 Portionen; pro Portion ca. 1610 kJ (385 kcal)

Zutaten
250 g feine Zwiebelscheiben
4 Eßlöffel Öl
½ l kalte Brühe
knapp ⅛ l Weißwein
Salz, Pfeffer
2 Scheiben getoastetes Weißbrot
2 Scheiben Gouda

Gefäß
Schüssel aus Glas, Porzellan, höhere
Auflaufform

Abdeckung
offen garen

Einstellung und Zeit
Gesamtgarzeit: 20–25½ Minuten
Zwiebeln: 15–19 Minuten Garstellung
Suppe: 4–5 Minuten Garstellung
Überbacken: 1–1½ Minuten Garstellung

Zubereitung
Zwiebeln in dem Öl dünsten. Mit Brühe und
Wein aufgießen. Würzen. Suppe garen. Auf
2 Suppentassen verteilen, Toastbrot und Käse
auflegen, überbacken.

Gemüsesuppe

2 Portionen; pro Portion ca. 280 kJ (68 kcal)

Zutaten

150 g tiefgefrorenes Suppengemüse
½ l kalte, gut abgeschmeckte Fleischbrühe
Petersilie, Schnittlauch

Gefäß

Schüssel aus Glas, Porzellan, Suppenterrine

Abdeckung

geschlossen garen

Einstellung und Zeit

Gesamtgarzeit: 10½–13 Minuten
Gemüse: 6½–8 Minuten Garstellung
Suppe: 4–5 Minuten Garstellung

Umrühren

Suppe nach dem Garen durchrühren

Zubereitung

Das tiefgefrorene Gemüse mit 2 Eßlöffeln Wasser 6½–8 Minuten garen. Fleischbrühe zugeben, 4–5 Minuten weitergaren. Mit Petersilie, Schnittlauch bestreuen.

Lauchcremesuppe
Für Geräte mit Fortkochautomatik

3 Portionen; pro Portion ca. 1277 kJ (305 kcal)

Zutaten

30 g durchwachsener Speck
400–500 g Lauch (ca. 3 mittlere Stangen)
¾ l lauwarme Fleischbrühe,
gut abgeschmeckt
1 gestrichener Teelöffel Salz
7 Eßlöffel saure Sahne
1 Eßlöffel Madeira
2 gestrichene Eßlöffel Speisestärke
1 Eigelb
gehackte Petersilie nach Belieben

Gefäß

Suppenterrine mit Deckel aus Porzellan, Glas, Keramik

Abdeckung

alles geschlossen garen

Einstellung und Zeit

Gesamtgarzeit: 24½–27 Minuten
Lauch und Speck: 4–5 Minuten Garstellung
Gemüse und Brühe: 3–4 Minuten Garstellung;
15 Minuten Fortkochstellung
zum Andicken: 2½–3 Minuten Garstellung

Umrühren

nach dem Fortkochen Sahne, Stärke und Eigelb einrühren

Zubereitung

Den Speck in kleine Würfel schneiden, den Lauch waschen und in dünne Scheiben schneiden. Beides zusammen 4–5 Minuten auf Garstellung anbraten. Fleischbrühe und Salz zu dem Lauch geben und geschlossen 3–4 Minuten garen und 15 Minuten fortkochen. Inzwischen Sahne, Madeira, Stärke und Eigelb gut verrühren, zu der Suppe geben und nochmals 2½–3 Minuten zum Binden garen lassen. Nach Belieben mit gehackter Petersilie bestreuen.

Nudelsuppe

1 Portion; ca. 420 kJ (100 kcal)

Zutaten (pro Teller)
gut ¼ l lauwarmes Wasser
15 g Suppennudeln
Brühwürfel oder Instantbrühe für ¼ l
Schnittlauch, Petersilie

Gefäß
für 1 Portion: Suppenteller oder größere Suppentasse;
für 2 Portionen: kleinere Schüssel, Terrine oder 2 Suppentassen

Abdeckung
offen garen

Einstellung und Zeit
Garstellung für 1 Portion: 2½–3 Minuten;
für 2 Portionen: 5–6 Minuten
Fortkoch- bzw. Auftauautomatik: für 1 und 2 Portionen: 5 Minuten

Umrühren
nach dem Garen durchrühren

Zubereitung
Wasser, Brühwürfel oder Instantbrühe und Nudeln zusammen in das Gefäß geben. Garen, umrühren, vor dem Servieren mit Schnittlauch und Petersilie bestreuen.

Eierstich als Suppeneinlage

4 Portionen; pro Portion ca. 420 kJ (100 kcal)

Zutaten
2 Eier
5 Eßlöffel Sahne
Salz, Muskat
1 Teelöffel gehackte Petersilie
etwas Fett

Gefäß
kleinere, höhere Schüssel aus Glas, Porzellan

Abdeckung
offen garen

Einstellung und Zeit
2½–3¼ Minuten Garstellung

Zubereitung
Eier, Sahne, Salz, Muskat, Petersilie gut verquirlen, in das gefettete Gefäß gießen, 2½–3¼ Minuten garen. Die Eimasse geht stark auf, fällt aber beim Abschalten des Gerätes wieder zusammen. Stürzen, in Würfel schneiden und mit heißer Fleischbrühe (1 l) anrichten.

Spargelcremesuppe

2 Portionen; pro Portion ca. 725 kJ (175 kcal)

Zutaten

½ Packung Spargelcremesuppe
(für ½ l Wasser)
1 kleine Dose Spargelstücke
1 Eßlöffel Butter
1 Eßlöffel Sahne
1 Eßlöffel gehackte Petersilie
3 Eßlöffel Weißwein nach Belieben

Gefäß

Terrine aus Glas, Porzellan oder Keramik

Abdeckung

offen garen

Einstellung und Zeit

Gesamtgarzeit: 6–8 Minuten
Suppe: 4–5 Minuten Garstellung
mit Verbesserungszutaten: 2–3 Minuten
Garstellung

Umrühren

Suppe nach 1 und 2 Minuten mit Schneebesen
durchrühren

Zubereitung

Spargelsud aus der Dose in einen Meßbecher
abgießen und mit Wasser auf ½ l auffüllen.
Die Packung Suppe einrühren. Auf Garstellung 1 Minute garen, umrühren und weitere
3–4 Minuten garen, bis die Suppe aufkocht.
Dabei nochmals umrühren. Spargel, Butter
und Sahne zugeben und weiter 2–3 Minuten
auf Garstellung erhitzen. Umrühren und mit
Petersilie garnieren, nach Belieben mit Weißwein verbessern.

Kartoffelsuppe

Foto Seite 43

2 Portionen; pro Portion ca. 2300 kJ (550 kcal)

Zutaten

50 g durchwachsener Speck
1 größere Zwiebel
1 frisches Suppengrün
½ l kalte Fleischbrühe
2–3 Eßlöffel Kartoffelpüreepulver
Salz, Pfeffer,
Majoran
2 dicke Würste (Regensburger)
Petersilie

Gefäß

Terrine, Schüssel aus Glas, Porzellan, Keramik

Abdeckung

Zwiebel und Speck offen anbraten
Suppe geschlossen garen

Einstellung und Zeit

Gesamtgarzeit: 18–23 Minuten
Speck und Zwiebel: 6–8 Minuten Garstellung
Suppengrün: 4–5 Minuten Garstellung
Suppe: 8–10 Minuten Garstellung

Umrühren

nach dem Garen durchrühren

Zubereitung

Speck und Zwiebel in feine Würfel schneiden.
6–8 Minuten offen anrösten. Inzwischen das
Suppengrün (Karotte, Sellerie, Maggikraut,
Porree etc.) sehr klein schneiden, auf den
Speck und die Zwiebel geben. 4–5 Minuten
geschlossen dünsten. Fleischbrühe zugeben,
Kartoffelpüreepulver einrühren. 8–10 Minuten
geschlossen garen. Inzwischen Würste in dünne Scheiben schneiden. Suppe mit Salz, Pfeffer, Majoran würzen, Wurstscheiben dazugeben, mit Petersilie bestreuen, servieren.

Kartoffelsuppe

Dillsoße

4 Portionen; pro Portion ca. 630 kJ (150 kcal)

Zutaten
2 Eßlöffel Mehl
2 Eßlöffel Butter
¼ l Milch
⅛ l Brühe
1 Teelöffel Salz
30 g gehackter Dill
1 Eigelb
5 Eßlöffel saure Sahne

Gefäß
Terrine oder Schüssel aus Glas, Porzellan oder Keramik

Abdeckung
ohne Abdeckung garen

Einstellung und Zeit
Gesamtgarzeit: 5–6½ Minuten
Mehl und Butter: 2–2½ Minuten Garstellung
Soße: 3–4 Minuten Garstellung

Umrühren
Mehlschwitze einmal, Soße mehrmals umrühren

Zubereitung
Mehl und Butter zusammen in dem Gefäß garen, dabei einmal umrühren. Milch, Brühe und Salz unter Rühren zugeben, aufkochen, dabei mehrmals durchrühren. Dill, Eigelb und Sahne einrühren.
Dillsoße paßt gut zu gekochtem Fleisch, zu Fisch- und Eiergerichten.

Béchamelsoße

2 Portionen; pro Portion ca. 460 kJ (110 kcal)

Zutaten
1 Eßlöffel Butter
1 Eßlöffel Mehl
¼ l Hühnerbrühe
5 Eßlöffel Sahne
Pfeffer, Salz, Zwiebelsalz

Gefäß
Schüssel, Becher aus Glas, Porzellan, Kunststoff

Abdeckung
offen zubereiten

Einstellung und Zeit
Gesamtzeit: 2¾–3½ Minuten
Butter: ¼–½ Minute Garstellung
Soße: 2½–3 Minuten Garstellung

Umrühren
In der 2. Phase zweimal umrühren

Zubereitung
Butter ¼–½ Minute erwärmen, Mehl einrühren. Die restlichen Zutaten einrühren und 2½–3 Minuten erhitzen, dabei zweimal umrühren.

Mornaysoße

3 Portionen; pro Portion ca. 700 kJ (170 kcal)

Zutaten

2 Eßlöffel Butter
1 Eßlöffel Mehl
knapp ¼ l Brühe
4 Eßlöffel Sahne
50 g Edamer oder Emmentaler, gerieben

Gefäß
Schüssel aus Glas oder Porzellan

Abdeckung
offen garen

Einstellung und Zeit
Gesamtzeit: 3–3½ Minuten
Butter: ½ Minute Garstellung
Soße: 2½–3 Minuten Garstellung

Umrühren
zweimal umrühren

Zubereitung
Butter ½ Minute zerlassen, Mehl einrühren, Brühe, Sahne dazugeben. 2½–3 Minuten erhitzen. Käse einrühren, stehen lassen, bis er geschmolzen ist.

Champignonsoße

2 Portionen; pro Portion ca. 630 kJ (150 kcal)

Zutaten

1 Eßlöffel Butter
1 kleine Dose Champignons (oder frisch)
in Stücken
1 Eßlöffel Speisestärke
⅛ l Brühe
1/16 l Weißwein
4 Eßlöffel Sahne
1 Eßlöffel Zitronensaft
Pfeffer, Salz

Gefäß
Schüssel, Auflaufform aus Glas, Porzellan

Abdeckung
offen garen

Einstellung und Zeit
Gesamtzeit: 4 ½–5½ Minuten
Butter und Champignons: 1½–2 Minuten
Garstellung
Soße: 3–3½ Minuten Garstellung

Umrühren
zweimal umrühren

Zubereitung
Butter und Champignons andünsten, alle anderen Zutaten mischen, dazugeben, fertiggaren.

Eintöpfe und salzige Aufläufe

Eintöpfe und Aufläufe erfreuen sich zunehmender Beliebtheit. Gemischt aus Gemüsen und Fleisch, sind sie auch eine gesunde und vollwertige Mahlzeit. Im Mikrowellengerät gekochter Eintopf ist besonders schön: Das Gemüse behält seine Form und frische Farbe, es brennt nichts an und es verkocht nichts – und alles wird direkt in der Suppenterrine gekocht!
Eintöpfe sind gut zum Einfrieren geeignet – deshalb ist es gerade hier praktisch, auf Vorrat zu kochen.
Es ist wichtig, genügend Flüssigkeit zu nehmen, damit der Eintopf oben nicht trocken wird. Genauso wichtig ist, das Gefäß gut abzudecken, dann gelingt der Eintopf bestimmt! Fortgekocht werden Eintöpfe mit Fleisch oder Gemüse, das zum Weichwerden eine längere Garzeit benötigt.
Probieren Sie doch mal öfter einen salzigen Auflauf: Es ist eine feine Sache und sonst nur zeitraubend zuzubereiten – es gelingt Ihnen im Mikrowellengerät viel schneller, und Sie sparen eine Menge Strom!
Garen Sie Aufläufe im geschlossenen Serviergeschirr, es bildet sich oben trotzdem eine leichte Kruste.
Zur Erinnerung: Im Mikrowellengerät gart bei Eintöpfen die oberste Schicht am schnellsten, die unterste am langsamsten. Also genau umgekehrt wie beim gewohnten Kochen!

Tip
Schichten Sie bei Eintöpfen die Zutaten mit längster Garzeit nach oben, die Zutaten mit kürzester Garzeit nach unten! Mischen Sie die obere Schicht einmal durch!

- Sie können die Rezepte natürlich jederzeit auf die Personenzahl in Ihrer Familie abstimmen. Vermeiden Sie jedoch sehr große Mengen. Die Zeiten ändern sich dann entsprechend:
  doppelte Menge = fast doppelte Zeit
  halbe Menge = halbe Zeit

- Die angegebenen Zeiten sind Anhaltswerte und können sich je nach Zutaten, Alter und Sorte der Lebensmittel, Gefäßen oder Anfangstemperaturen geringfügig verlängern oder verkürzen.

- Die kürzeren Zeiten sind für Geräte mit 720 W Leistung, die längeren Zeiten für Geräte mit 600 W Leistung.

Bunter Tomateneintopf ▷

Bunter Tomateneintopf

Foto Seite 47

4 Portionen; pro Portion ca. 2670 kJ (640 kcal)

Zutaten

500 g Schweinehalsgrat oder -schlegel
500 g Kartoffeln
3 Äpfel
500 g Tomaten (nach Belieben geschält)
2 Zwiebeln, 1 Knoblauchzehe,
Salz, Pfeffer, Majoran, Thymian
¼ l Brühe

Gefäß

Schüssel aus Glas, Porzellan, Auflaufform

Abdeckung

geschlossen garen

Einstellung und Zeit

Gesamtgarzeit: 28–35 Minuten
Kartoffeln: 8–10 Minuten Garstellung
Eintopf: 20–25 Minuten Garstellung

Umrühren

Eintopf nach 10–13 Minuten

Zubereitung

Kartoffeln schälen, in Würfel schneiden. 8–10 Minuten garen. Inzwischen Tomaten, Äpfel, Zwiebeln, Knoblauch und Fleisch würfeln und in dieser Reihenfolge auf die gegarten Kartoffeln einschichten. Würzen. Mit Brühe übergießen. 20–25 Minuten garen, einmal umrühren.

Chili con carne

4 Portionen; pro Portion ca. 2510 kJ (600 kcal)

Zutaten

375 g Rinderhackfleisch
1 mittelgroße Zwiebel in Würfel
1 gestrichener Teelöffel Chilipulver (Cayennepfeffer)
500 geschälte, geviertelte Tomaten
1½ Teelöffel Salz
1 Teelöffel Senf
1 Knoblauchzehe
1 Dose weiße Bohnen (400 g Einwaage), abgegossen
2 Eßlöffel Tomatenmark

Gefäß

Schüssel aus Glas, Porzellan, Terrine

Abdeckung

Hackfleisch offen
Eintopf geschlossen

Einstellung und Zeit

Gesamtgarzeit: 12½–16 Minuten
Hackfleisch: 4–5 Minuten Garstellung
Tomaten, Gewürze: 5½–7 Minuten Garstellung
Bohnen: 3–4 Minuten Garstellung

Umrühren

nach dem Garen durchrühren

Zubereitung

Hackfleisch, Chili und Zwiebel 4–5 Minuten anbraten. Tomaten, Gewürze dazugeben. 5½–7 Minuten dünsten. Bohnen dazugeben, 3–4 Minuten erhitzen. Tomatenmark einrühren.

Schinkenauflauf mit Spargel

4 Portionen; pro Portion ca. 1775 kJ (425 kcal)

Zutaten
knapp ¼ l Flüssigkeit (Spargelwasser)
40 g Butter
3 Eßlöffel Sahne
1 Prise Salz, Muskat, gekörnte Brühe
70 g Mehl
4 Eigelb
4 Eischnee (sehr steif)
250 g gekochter Schinken in Scheiben
1 Dose Spargel in Stangen

Gefäß
flache Schüssel oder Auflaufform mit Deckel
aus Glas, Porzellan, Keramik

Abdeckung
geschlossen garen (Soße und Auflauf)

Einstellung und Zeit
Gesamtgarzeit: 16–19½ Minuten
Soße: 3–3½ Minuten Garstellung
Auflauf: 13–16 Minuten Garstellung

Umrühren
Soße nach 1, 2 und 3 Minuten

Zubereitung
Flüssigkeit, Butter, Sahne, Gewürze, Mehl gut verquirlen (elektrischer Handquirl), 3–3½ Minuten garen. In die etwas abgekühlte Masse Eigelb einrühren, Eischnee unterziehen. Spargelstangen in die Schinkenscheiben einwickeln, in die Auflaufmasse einschichten. In 13–16 Minuten fertiggaren.

Schinkenreis

3 Portionen; pro Portion ca. 2410 kJ (575 kcal)

Zutaten
125 g Langkornreis (in ¼ l Brühe gekocht)
200 g gekochter Schinken
⅛ l süße Sahne
1 Ei
3 Eßlöffel geriebener Emmentaler
1 Eßlöffel gehackte Petersilie
3 Eßlöffel geriebener Emmentaler zum Bestreuen

Gefäß
Terrine aus Glas, Porzellan oder Keramik

Abdeckung
ohne Abdeckung garen

Einstellung und Zeit
8–10 Minuten Garstellung

Zubereitung
Sahne, Ei, Käse, Petersilie gut verschlagen und den feingewürfelten Schinken unterrühren.
Den Reis gut unterrühren, mit dem restlichen Käse bestreuen und garen.
Dazu verschiedene frische Salate reichen.

Ravioli mit Champignons

Foto Seite 51

2 Portionen; pro Portion ca. 2100 kJ (500 kcal)

Zutaten

1 Dose Ravioli in Fleischsoße
1 kleine Dose Champignons
10 g Butter
Petersilie
2 Eßlöffel geriebener Käse

Gefäß

Schüssel, Terrine aus Glas, Porzellan, Keramik und 1 Porzellantasse

Abdeckung

Ravioli geschlossen erhitzen
Pilze offen dünsten

Einstellung und Zeit

Gesamtgarzeit: 7½–9½ Minuten
Ravioli: 6½–8 Minuten Garstellung
Pilze: 1–1½ Minuten Garstellung

Umrühren

Ravioli einmal umrühren

Zubereitung

Ravioli in der Schüssel oder Terrine 6½–8 Minuten geschlossen erhitzen, beiseite stellen. Champignons mit Fett in der Tasse 1–1½ Minuten dünsten, auf die Ravioli geben. Den Käse und die gehackte Petersilie darüberstreuen, servieren.

Edamer Käseauflauf

4 Portionen; pro Portion ca. 2820 kJ (675 kcal)

Zutaten

8 Weißbrotscheiben
200 g Edamer
200 g gekochter Schinken
200 g Champignons (Dose oder frisch)
3 Eier
½ l Milch
wenig Salz, Pfeffer, Muskat
40 g Butter

Gefäß

Schüssel aus Glas, Porzellan, Auflaufform

Abdeckung

geschlossen garen

Einstellung und Zeit

18–23 Minuten Garstellung

Zubereitung

Brot, Käse, Schinken in Würfel schneiden, mit Champignons mischen, in die gefettete Auflaufform geben. Eier, Milch, Gewürze gut verschlagen, über die Masse gießen (Brot muß gut durchweicht sein). Butterflöckchen darüber verteilen. 18–23 Minuten garen.

Ravioli mit Champignons ▷

Kleiner Auberginenauflauf

1 Portion; ca. 1970 kJ (470 kcal)

Zutaten

2 Tomaten
1 kleine Aubergine
2 kleine Kartoffeln
1 Ei
½ Tasse Milch
3 gehäufte Eßlöffel geriebener Käse
Salz
Pfeffer
nach Belieben Knoblauch

Gefäß

kleinere Schüssel aus Glas, Keramik oder Porzellan mit Deckel

Abdeckung

das Gemüse geschlossen garen, offen überbacken

Einstellung und Zeit

Gesamtgarzeit: 12–14 Minuten
Gemüse: 8–9 Minuten Garstellung
Überbacken: 4–5 Minuten Garstellung

Zubereitung

Tomaten waschen, vierteln und unten in die Form geben. Aubergine waschen, in Scheiben schneiden und auf die Tomaten legen. Darüber die geschälten, gewaschenen und in Scheiben geschnittenen Kartoffeln verteilen. Geschlossen 8–9 Minuten dünsten. Die restlichen Zutaten verquirlen, abschmecken und über das gegarte Gemüse gießen. 4–5 Minuten garen.
Entweder als eigenes Gericht mit Salat reichen oder als Beilage zu gegrilltem oder gebratenem Fleisch.

Gemüseauflauf mit Schinken

2 Portionen; pro Portion ca. 3390 kJ (810 kcal)

Zutaten

450 g gegartes Gemüse (gemischt)
200 g gekochter Schinken
150 g Gouda
3 Eier
⅛ l Milch
Salz, Pfeffer

Gefäß

kleine Auflaufform, Schüssel aus Glas, Porzellan

Abdeckung

geschlossen garen

Einstellung und Zeit

11–14 Minuten Garstellung

Zubereitung

Gemüse kleinschneiden, Schinken und Käse würfeln, schichtweise in das Gefäß geben. Zuletzt eine Schicht Käse; Milch, Eier und Gewürze gut verschlagen, darübergießen. 11–14 Minuten garen.

Makkaroniauflauf mit Schinken und Käse

4–5 Portionen; pro Portion ca. 2900–3650 kJ (700–800 kcal)

Zutaten

250 g gekochte Makkaroni
250 g gekochter Schinken
100 g durchwachsener Speck
100 g geriebener Emmentaler
40 g geriebener Parmesan
4 Eier
½ Teelöffel Salz
Pfeffer
1 gestrichener Eßlöffel Mehl
¼ l Milch

Gefäß

Auflaufform, höhere Schüssel, Terrine

Abdeckung

geschlossen garen

Einstellung und Zeit

Gesamtgarzeit: 20½–26 Minuten
Speck: 2½–3 Minuten Garstellung
Auflauf: 18–23 Minuten Garstellung

Zubereitung

Den Speck in Würfel schneiden und offen 2½–3 Minuten anrösten. Inzwischen Eier, Salz, Pfeffer, Mehl und Milch gut verquirlen. Auf den Speck lagenweise Nudeln (konventionell gegart), Schinken und Käse einschichten, zuletzt eine Käseschicht. Darüber die Ei-Milch-Masse schütten. 18–23 Minuten garen.

Pizza, tiefgefroren

1 Portion: kJ (kcal) je nach Sorte u. Belag verschieden

Zutaten

1 runde, tiefgefrorene Pizza (ca. 300 g)
evtl. zusätzlich selbst mit Schinken, Käse oder Pilzen belegen

Gefäß

Bräunungsgeschirr

Abdeckung

offen garen

Einstellung und Zeit

Gesamtgarzeit: 8–10 Minuten
Geschirr vorheizen: 4–5 Minuten Garstellung
Pizza garen: 4–5 Minuten Garstellung

Zubereitung

Das leere Bräunungsgeschirr auf Garstellung 4–5 Minuten vorheizen. Inzwischen die Pizza auspacken und nach Belieben noch selbst zusätzlich belegen. In die vorgeheizte Schale geben und 4–5 Minuten garen, bis der Käse auch in der Mitte geschmolzen ist.

Überbackene Nudeln

Foto Seite 55

1 Portion; ca. 1930 kJ (460 kcal)

Zutaten
10 g Butter
gut 1 Tasse gekochte Nudeln (Rest)
1 Wiener Würstchen oder entsprechende
Menge Schinken
1 Scheibe Schmelzkäse
1 Ei
2 Eßlöffel Milch
Salz
Schnittlauch
Tomatenscheiben

Gefäß
Suppenteller oder Schälchen aus Glas oder
Porzellan

Abdeckung
abgedeckt garen (Teller oder Folie)

Einstellung und Zeit
4–5 Minuten Garstellung

Umrühren
nach halber Garzeit einmal umrühren

Zubereitung
Teller mit Butter ausstreichen. Nudeln und in
Scheiben geschnittene Wurst oder gewürfelten
Schinken darin verteilen, leicht salzen. Käse-
scheibe würfeln, darübergeben, ebenso das mit
Milch verquirlte Ei. Abdecken. 4–5 Minuten
garen, dabei einmal umrühren. Mit Tomaten-
scheiben und Schnittlauch anrichten.

Bunte Kartoffelschüssel

2 Portionen; pro Portion ca. 1385 kJ (330 kcal)

Zutaten
30 g durchwachsener Speck in Würfeln
1 Zwiebel in Würfeln
300 g rohe Kartoffeln in Scheiben
50 g frische Champignons in Scheiben
30 g Käse in Würfeln
1 Tomate in Würfeln

Gefäß
kleinere Schüssel aus Glas, Porzellan oder
Keramik mit Deckel

Abdeckung
Speck und Zwiebel offen
Kartoffeln abgedeckt garen

Einstellung und Zeit
Gesamtgarzeit: 13½–17 Minuten
Speck und Zwiebel: 4–5 Minuten Garstellung
Kartoffeln: 9½–12 Minuten Garstellung

Zubereitung
Speck und Zwiebel anbraten. Alle anderen Zutaten dazugeben und 9½–12 Minuten geschlossen garen.

Überbackene Nudeln ▷

Fleisch

Am besten und schnellsten garen im Mikrowellengerät zarte Fleischstücke und Schweinefleisch. Auch Hackfleisch läßt sich in verschiedenen Zubereitungsarten und Formen sehr gut mit Mikrowellen garen.

Kleine Fleischstücke (Schnitzel oder Steak) garen allerdings so schnell, daß keine Bräunung entstehen kann. Wenn Sie aber keine Röststoffe vertragen, ist das die ideale Art für Ihre Diätzubereitung!

Größere Fleischstücke werden aufgetaut, gewürzt und offen im Mikrowellengerät gebraten. Die Zeit ist hier lange genug, daß sich eine Bräunung entwickeln kann.

Gekochtes Fleisch

(Suppenfleisch)

Hier werden meist Fleischsorten verwendet, die eine längere Garzeit bei leisem Kochen benötigen. So wird das Fleisch richtig mürbe. Die Garzeit kann hier nicht verkürzt werden, denn der Prozeß, die Fleischfasern aufzuschließen und zart zu garen, ist von der Zeit abhängig und nicht von der Zubereitungsart oder dem Gerät.

Gedünstetes und geschmortes Fleisch

(Gulasch, Schmorbraten, Ragout)

Diese Zubereitungsart ist für fast alle Fleischsorten geeignet. Hierbei wird das Fleisch bei mäßiger Hitze und in wenig Flüssigkeit oder Soße geschmort.

Praktisch und arbeitssparend sind Fixprodukte, die seit einiger Zeit angeboten werden. Wird jedoch eine eigene Soße bevorzugt, so kann das Fleisch vor dem Schmoren im Bräunungsgeschirr oder in feuerfestem Geschirr auf der Kochplatte angebraten, aufgegossen und im Mikrowellengerät mit der Fortkochautomatik gargeschmort werden. Wichtig ist, das Fleisch, das nicht von Soße oder Flüssigkeit bedeckt ist, mit Alufolie abzudecken – es trocknet sonst oben aus.

Gebratenes Fleisch

(Schweinebraten)

Kleinere Braten (bis 500 g) werden auf der Garstellung gebraten. Größere Braten werden am schönsten, wenn sie auf der Garstellung angebraten und auf der Fortkochstellung durchgebraten werden. So kann sich die Wärme langsam bis zum Kern des Bratens ausbreiten und das Fleisch wird gleichmäßig gar. Gekochtes, gedünstetes und geschmortes Fleisch immer gut *geschlossen* garen, gebratenes Fleisch immer *offen* oder lose abgedeckt braten!

- Wenn Sie ein Gerät mit Bratstellung (360 W oder Taste 2) haben, verwenden Sie diese von Anfang an für Ihre Braten. Die Garzeiten dazu sind in den entsprechenden Rezepten mit angegeben.

- Sie können die Rezepte natürlich jederzeit auf die Personenzahl in Ihrer Familie abstimmen. Vermeiden Sie jedoch sehr große Mengen. Die Zeiten ändern sich dann entsprechend:
  doppelte Menge = fast doppelte Zeit
  halbe Menge   = halbe Zeit

- Die angegebenen Zeiten sind Anhaltswerte und können sich je nach Zutaten, Alter und Sorte der Lebensmittel, Gefäßen oder Anfangstemperatur geringfügig verlängern oder verkürzen.

- Die kürzeren Zeiten sind für Geräte mit 720 W Leistung, die längeren Zeiten für Geräte mit 600 W Leistung.

Schweinefilet in Curryrahmsoße

2 Portionen; pro Portion ca. 2520 kJ (600 kcal)

Zutaten

300 g Schweinefilet
2 mittlere Zwiebeln
2 Eßlöffel Öl
1 Apfel
1 Teelöffel Curry
1 Teelöffel Paprika
¼ Teelöffel Pfeffer

Soße
⅛ l Sahne, ⅛ l Weißwein
1 gehäufter Teelöffel Salz
1 gehäufter Teelöffel Mehl
½ Banane

Gefäß

Terrine aus Glas, Porzellan, Keramik mit Deckel

Abdeckung

Zwiebel offen,
Fleisch geschlossen garen

Einstellung und Zeit

Gesamtgarzeit: 16–20 Minuten
Zwiebel: 8–10 Minuten Garstellung
Apfel und Fleisch: 4–5 Minuten Garstellung
mit Soße: 4–5 Minuten Garstellung

Umrühren

Soße einrühren

Zubereitung

Zwiebel fein hacken, in Öl 8–10 Minuten gut anbräunen. Inzwischen Apfel schälen, Kernhaus herausschneiden, sehr fein würfeln. Fleisch in dünne Scheiben schneiden. Apfel auf die Zwiebel geben, darüber Fleisch und die Gewürze verteilen. 4–5 Minuten garen.
Soße: Sahne, Wein, Salz, Mehl verquirlen. Banane in Scheiben schneiden. Soße gut einrühren. Banane zugeben, 4–5 Minuten garen und nochmals gut verrühren.
Beilagen: Reis, grüner Salat.

Schweinebraten

4 Portionen; pro Portion ca. 1920 kJ (460 kcal)

Zutaten

500 g Schweinehals, -nacken ohne Knochen und ohne Schwarte
Salz, Pfeffer, Paprika
nach Belieben: Kümmel, Knoblauch, Majoran, Basilikum

Gefäß

flaches, feuerfestes Gefäß aus Glas, Porzellan, Keramik (Teller oder Platte)

Abdeckung

offen garen

Einstellung und Zeit

13–17 Minuten Garstellung
(oder 25 Minuten Bratstellung)

Zubereitung

Fleisch rasch waschen, mit Salz und Gewürzen einreiben. Nach dem Garen 5 Minuten ruhen lassen. Bratenfond mit etwas Wasser lösen, aufkochen lassen, nach Belieben mit Mehl etwas binden, abschmecken. Fleisch gegen die Faser in nicht zu dicke Scheiben schneiden.
Beilagen: Kartoffelgerichte, Knödel, Gemüse.

Schweinerollbraten

8 Portionen; pro Portion ca. 1570 kJ (375 kcal)

Zutaten

1 kg Schweinerollbraten
Salz
Kümmel, Majoran, Pfeffer
nach Belieben Stärke
und 2 Eßlöffel Sahne

Gefäß

Platte aus Glas, Porzellan oder Keramik

Abdeckung

offen braten

Einstellung und Zeit

Gesamtgarzeit: 35–40 Minuten
20–25 Minuten Garstellung und
15 Minuten Fortkochautomatik
(oder 45 Minuten Bratstellung)

Zubereitung

Den Braten mit Salz, Kümmel, Pfeffer, etwas Majoran gut würzen und auf der Platte offen 20–25 Minuten garen und 15 Minuten fortkochen. Den Braten etwas ruhen lassen, währenddessen den Bratenfond mit etwas Wasser lösen, aufkochen (auf Garstellung im Mikrowellengerät) und mit etwas Stärke andicken, mit Sahne verfeinern. Den Braten gegen die Faser aufschneiden, schuppenförmig anrichten und mit etwas heißer Soße übergießen.

Schaschlik

2 Portionen; pro Portion ca. 3140 kJ (750 kcal)

Zutaten

200 g Schweinehals,- nacken
100 g durchwachsener Speck
1 saure Gurke
1 Zwiebel
1 kleine Paprikaschote
2 Holzspießchen

Soße
1 Eßlöffel Tomatenmark
2 Eßlöffel Ketchup
2 Eßlöffel saure Sahne
2 Eßlöffel Sangrita
3 Eßlöffel Wein
Paprika, Salz, Pfeffer

Gefäß

längliche Servierplatte, Teller

Abdeckung

offen garen

Einstellung und Zeit

Gesamtgarzeit: 11–14 Minuten
Spieße: 5½–7 Minuten Garstellung
Spieße und Soße: 5½–7 Minuten Garstellung

Zubereitung

Fleisch, Speck, Gurke, Zwiebel, Paprikaschote in etwa 3×3 cm große, 1 cm dicke Scheiben schneiden, abwechselnd auf die Spieße stecken. Offen 5½–7 Minuten garen.
Soße: Inzwischen die Zutaten für die Soße gut mischen, um die 2 Schaschlikspieße herumgießen und weitere 5½–7 Minuten offen garen.

Schweinefleisch süßsauer

4 Portionen; pro Portion ca. 2150 kJ (510 kcal)

Zutaten
1 gehackte Zwiebel
1 Teelöffel Butter
1 kleine Dose Ananasstücke
2 Eßlöffel Sojasoße
½ Teelöffel Ingwerpulver
2 Eßlöffel Essig
½ Tasse Brühe
500 g Schweinenacken
1 Eßlöffel Speisestärke
1 grüne Paprikaschote in feinen Streifen

Gefäß
Schüssel, Auflaufform aus Glas, Porzellan

Abdeckung
Zwiebel offen
Fleisch geschlossen

Einstellung und Zeit
Gesamtgarzeit: 17–21 Minuten
Zwiebel: 4–5 Minuten Garstellung
Fleisch: 13–16 Minuten Garstellung

Umrühren
nach dem Garen mischen

Zubereitung
Die Zwiebel in Butter in 4–5 Minuten anbräunen. Die abgetropften Ananasstücke darauf verteilen, ebenso die Gewürze und die Brühe. Fleisch in Würfel schneiden und in Stärke wenden. Die Würfel auf die anderen Zutaten geben, darüber die Paprikaschote. 13–16 Minuten geschlossen garen, dann durchrühren.

Schinken in Madeira

4 Portionen; pro Portion ca. 3045 kJ (725 kcal)

Zutaten
ca. 1 kg gekochter Schinken im Stück
⅛ l Madeirawein

Gefäß
Terrine aus Glas, Keramik oder Porzellan mit Deckel

Abdeckung
Schinken geschlossen erhitzen

Einstellung und Zeit
Gesamtgarzeit: 30 Minuten
15 Minuten Garstellung und
15 Minuten Fortkochstufe oder Auftaustufe
(oder 30 Minuten Bratstellung)

Zubereitung
Den ganzen Schinken in das Gefäß legen, mit dem Wein übergießen und erhitzen. Dabei das Fleisch einmal wenden. In Scheiben schneiden und, mit etwas Sud übergossen, servieren.
Beilagen: Feine Gemüse wie Spargel, Erbsen, Brokkoli, gebackene Kartoffelgerichte oder Blätterteigteilchen.

Schweineschnitzel mit Tomaten und Käse

2 Portionen; pro Portion ca. 1550 kJ (370 kcal)

Zutaten
2 Schweineschnitzel (ca. 250 g)
3 Tomaten in Scheiben
2 Scheiben Käse
(Scheibletten, Emmentaler, Gouda)
2 Teelöffel Öl
Zitronensaft
Paprika, edelsüß
Pfeffer, Salz

Gefäß
flaches Glas-, Porzellangefäß

Abdeckung
offen garen

Einstellung und Zeit
Gesamtgarzeit: 9–11 Minuten
Schnitzel: 8–10 Minuten Garstellung
Überbacken: 1 Minute Garstellung

Zubereitung
Die Schnitzel sehr gut klopfen, den Rand mehrmals einschneiden, mit Paprika, Pfeffer, Salz würzen, mit Zitrone beträufeln und mit Öl bestreichen. In das Gefäß legen. Daneben die Tomatenscheiben schuppenförmig anrichten. 8–10 Minuten garen. Käse auf den Schnitzeln verteilen und eine weitere Minute garen.

Paprikafleisch

5 Portionen; pro Portion ca. 2805 kJ (670 kcal)

Zutaten
750 g Schweinehals
2 Teelöffel Salz
1 Teelöffel Paprikapulver
¼ Teelöffel Pfeffer
1 Zwiebel
250 g Tomaten
1 grüne, 1 rote, 1 gelbe Paprikaschote
1 kleiner Becher saure Sahne
2 Eßlöffel Tomatenmark

Gefäß
große Schüssel oder Terrine aus Glas, Keramik, Porzellan mit Deckel

Abdeckung
Fleisch offen, Gemüse geschlossen garen.

Einstellung und Zeit
Gesamtgarzeit: 21–27 Minuten
Fleisch: 9–12 Minuten Garstellung
mit Gemüse: 12–15 Minuten Garstellung

Umrühren
Fleisch während des Garens einmal wenden, nach Zugabe von Sahne alles gut mischen

Zubereitung
Fleisch in Würfel schneiden, mit Salz, Paprika, Pfeffer in dem Gefäß offen 9–12 Minuten garen. Inzwischen Zwiebel in Ringe schneiden, Tomaten waschen und vierteln, von Paprikaschoten Kerne und Scheidewände entfernen, waschen und in Würfel schneiden. Gemüse auf das Fleisch geben und geschlossen 12–15 Minuten garen. Sahne und Tomatenmark gut unterrühren.

Kasseler

4 Portionen; pro Portion ca. 1570 kJ (375 kcal)

Zutaten

rohes geräuchertes Kasseler im Stück (ohne Knochen)

Gefäß

flaches Porzellan-, Glasgefäß, Teller

Abdeckung

offen garen

Einstellung und Zeit

für 600 g:
13–17 Minuten Garstellung
(oder 26 Minuten Bratstellung)
für 1000 g:
12–15 Minuten Garstellung und
15 Minuten Fortkochautomatik
(oder 30 Minuten Bratstellung)

Zubereitung

Die Fettschicht auf der Oberseite im Karomuster einschneiden. Garen. Vor dem Anschneiden etwa 3 Minuten stehen lassen.
Beilagen: Sauerkraut, Kartoffelpüree, nach Belieben mit Ananasstückchen.

Kalbfleisch in Weißwein
Für Geräte mit Fortkochautomatik

2 Portionen; pro Portion ca. 965 kJ (230 kcal)

Zutaten

$\frac{1}{16}$ l Wasser, $\frac{1}{8}$ l Weißwein
1 Lorbeerblatt
2 Wacholderbeeren
1 Gewürznelke
1 Messerspitze Beifuß
250 g Kalbfleisch
$\frac{1}{2}$ Teelöffel Salz, wenig Stärkemehl
2 Eßlöffel Sahne
nach Belieben gehackte Kräuter

Gefäß

kleine Terrine aus Glas, Porzellan, Keramik mit Deckel

Abdeckung

alles geschlossen garen

Einstellung und Zeit

Gesamtgarzeit: 52 Minuten
Gewürze: 2–2½ Minuten Garstellung
Fleisch: 3–5 Minuten Garstellung (bis zum Kochen) und 45 Minuten Fortkochautomatik

Zubereitung

Wasser, Wein, Lorbeer, Wacholder, Nelke und Beifuß in der Terrine 2–2½ Minuten auf Garstellung angaren. Gewürze herausnehmen. Inzwischen Kalbfleisch in kleine Stücke schneiden. In die Soße legen und 3–5 Minuten auf Garstellung ankochen und 45 Minuten auf Fortkochautomatik dünsten. Salz, Stärkemehl einrühren, mit süßer Sahne verfeinern und mit gehackten Kräutern bestreuen.

Rindfleisch mit Meerrettichcreme
Foto Seite 63

Für Geräte mit Fortkochautomatik

3 Portionen; pro Portion ca. 3235 kJ (770 kcal)

Zutaten
500 g Querrippe
1 kleingehacktes Suppengrün
1 Zwiebel
1 Eßlöffel Schmalz
1 l Wasser, Salz
1 Lorbeerblatt
1 Teelöffel Pfefferkörner
4 Wacholderbeeren
Petersiliensträußchen

Meerrettichcreme
3 hartgekochte Eigelb
3 Eßlöffel Mayonnaise
3 Eßlöffel Joghurt
3 Eßlöffel geriebener Meerrettich
Salz
weißer Pfeffer
Zucker
Zitronensaft
1 geriebener Apfel

Gefäß
größere Schüssel oder Terrine aus Glas oder Porzellan

Abdeckung
gut abgedeckt garen

Einstellung und Zeit
Gesamtgarzeit: 1¾–2 Stunden
Zwiebel: 7½–9 Minuten Garstellung
Brühe: 9–11 Minuten Garstellung und
1½–1¾ Stunden Fortkochautomatik

Roastbeef

4 Portionen; pro Portion ca. 630 kJ (150 kcal)

Zutaten
500 g sehr gut abgehangenes Roastbeef
Salz, Pfeffer
Remouladensoße

Gefäß
umgedrehter Unterteller in einer flachen Porzellan-, Glasschale

Abdeckung
offen garen

Einstellung und Zeit
5–6 Minuten Garstellung, innen englisch
6½–8 Minuten Garstellung, innen rosa

Umrühren
nach halber Garzeit wenden

Zubereitung
Fleisch mit Salz und wenig Pfeffer einreiben. Nach dem Garen erkalten lassen, gegen die Faser in sehr dünne Scheiben schneiden, schuppenförmig anrichten und mit Remouladensoße servieren.

Zubereitung

Suppengrün, grobgehackte Zwiebel und Fett 7½–9 Minuten auf Garstellung dünsten. Fleisch, Wasser und Gewürze zugeben, 9–11 Minuten garen und 1½–1¾ Stunden fortkochen. Das Fleisch muß immer von der Brühe bedeckt sein. Nach dem Garen Fleisch vom Knochen lösen und in feine Scheiben schneiden. Mit Petersiliensträußchen auf einer Platte anrichten und mit wenig Brühe übergießen. Meerrettichcreme dazu reichen.

Meerrettichcreme: Die Eigelb durch ein Sieb passieren und mit Mayonnaise, Joghurt und Meerrettich gut verrühren. Mit Salz, Pfeffer, Zucker und Zitronensaft pikant abschmecken. Zum Schluß den geriebenen Apfel untermischen.

Rindfleisch mit Meerrettichcreme

Gedünstete Kalbsleber Berliner Art

1 Portion; ca. 960 kJ (230 kcal)

Zutaten
1 Scheibe Kalbsleber (ca. 125 g)
1 kleine Zwiebel
½ Apfel
1 Teelöffel Öl
Zitronensaft
Salz

Gefäß
Teller, flaches Porzellan- oder Glasgefäß

Abdeckung
geschlossen garen

Einstellung und Zeit
Gesamtgarzeit: 6–8 Minuten
Zwiebel: 3–4 Minuten Garstellung
Leber: 3–4 Minuten Garstellung

Umrühren
Leber einmal wenden

Zubereitung
Die Zwiebel in feine Ringe schneiden und mit dem Öl 3–4 Minuten offen dünsten. Inzwischen die Leber häuten, waschen und den Rand einige Male durchschneiden und die Mitte mehrmals diagonal einschneiden. Den Apfel schälen, Kerngehäuse ausschneiden und in Scheiben schneiden. Die Leber in das Gefäß legen, daneben die mit Zitrone beträufelten Apfelscheiben. Zudecken. 1½–2 Minuten garen, die Leber umdrehen und weitere 1½–2 Minuten garen. Leber salzen. Apfel und Zwiebel auflegen.

Kalbsnieren mit Cognac

2 Portionen; pro Portion ca. 1150 kJ (275 kcal)

Zutaten
1 kleine Kalbsniere
Milch zum Einlegen
1 mittelgroße Zwiebel
10 g Fett
3 Eßlöffel Cognac
Zitronensaft
wenig Pfeffer und Salz
viel Petersilie
1 Eßlöffel Meerrettich
1 Apfel in Scheiben
Zitronensaft

Gefäß
flache Schüssel, Schale aus Glas, Porzellan, Keramik

Abdeckung
geschlossen garen

Einstellung und Zeit
Gesamtgarzeit: 9–11 Minuten
Zwiebel: 4–5 Minuten Garstellung
Nieren: 5–6 Minuten Garstellung

Zubereitung
Die Niere der Länge nach spalten, Fett, Sehnen und Häute von der Innenseite entfernen, die Innenseite ein paarmal diagonal einschneiden, Niere ½ Stunde in Milch einlegen. Inzwischen die Zwiebel fein hacken und 4–5 Minuten im Fett geschlossen dünsten. Die Niere mit der Innenseite nach unten auf die Zwiebeln legen. 3 Eßlöffel Cognac daraufgeben, ebenso wenig Pfeffer und Salz, aber viel Petersilie und Zitronensaft. 1 Eßlöffel Meerrettich darüberstreichen, die dünnen Apfelscheiben darauf verteilen. 5–6 Minuten auf Garstellung dünsten.

Hackfleisch

Hackfleisch gehört zu den Favoriten beim Kochen im Mikrowellengerät. Es ist zart, saftig und hat kurze Garzeiten. Es entstehen bei kleinen Mengen keine starken Röststoffe, aber wenn Sie das Hackfleisch mit edelsüßem Paprika bestreuen, erhält das Gericht eine appetitliche Bräunung. Sie können aber auch das Hackfleisch kurz in der Pfanne anbraten. Bei größeren Mengen, wie Hackbraten, gilt dasselbe wie bei Fleisch: Während der längeren Garzeit bildet sich eine schöne Kruste.

Sie brauchen im Mikrowellengerät kein zusätzliches Fett zuzugeben. Übrigens braten die Mikrowellen überschüssiges Fett aus – Sie sparen damit automatisch Joule (Kalorien).

Mit Hackfleisch gefülltes Gemüse hat kurze Garzeiten, es zerfällt nicht und kann nicht anbrennen.

- Sie können die Rezepte natürlich jederzeit auf die Personenzahl in Ihrer Familie abstimmen. Vermeiden Sie jedoch sehr große Mengen. Die Zeiten ändern sich dann entsprechend:
  doppelte Menge = fast doppelte Zeit
  halbe Menge = halbe Zeit

- Die angegebenen Zeiten sind Anhaltswerte und können sich je nach Zutaten, Alter und Sorte der Lebensmittel, Gefäßen oder Anfangstemperaturen geringfügig verlängern oder verkürzen.

- Die kürzeren Zeiten sind für Geräte mit 720 W Leistung, die längeren Zeiten für Geräte mit 600 W Leistung.

Hackbraten

Foto Seite 67

4 Portionen; pro Portion ca. 1645 kJ (365 kcal)

Zutaten
500 g gemischtes Hackfleisch
1 altes Brötchen
Wasser zum Einweichen
1 Zwiebel
1 Ei (½ Eiweiß aufheben zum Bestreichen)
bis zu ½ Tasse Milch
Salz
Pfeffer, Zitronensaft
Muskat, Thymian
Knoblauch
Paprika edelsüß

Gefäß
Teller, Porzellanplatte, flache Glasschale

Abdeckung
offen garen

Einstellung und Zeit
16–17 Minuten Garstellung
(mit Bratstellung 25 Minuten)

Umrühren
nach dem Garen 3 Minuten stehen lassen

Wichtiger Hinweis
Wenn Sie den Hackbraten mit hartgekochten Eiern füllen, müssen diese einmal quer durchgeschnitten werden (sonst würden sie platzen).

Zubereitung
Hackfleisch, 1 eingeweichtes und gut ausgedrücktes Brötchen, kleingeschnittene Zwiebel, Ei, Salz und Gewürze gut verkneten (am einfachsten mit einem elektrischen Handquirl und Knethaken). Ist der Teig fest, bis zu ½ Tasse Milch zugeben. Abschmecken. Teig mit nassen Händen zu flachem Laib formen und auf das Gefäß legen. Den Laib mit Paprika gut bestreuen und mit dem halben Eiweiß bestreichen. 16–17 Minuten garen.

Tip
Sie können den Hackfleischteig auch mit einer Fertigmischung (enthält alles, außer Hackfleisch) anmachen. Die weitere Verarbeitung und die Garzeit bleiben gleich.

Käsehackbraten

4 Portionen; pro Portion ca. 2045 kJ (490 kcal)

Zutaten
wie Hackbraten
100 g Gouda
1 kleine grüne Paprikaschote

Abdeckung
offen garen

Einstellung und Zeit
17–19 Minuten Garstellung
(27 Minuten Bratstellung)

Zubereitung
Bereiten Sie den Teig wie bei Hackbraten beschrieben zu. Darunter mischen Sie noch den sehr klein gewürfelten Käse und die ebenfalls sehr klein gewürfelte Paprikaschote. Weitere Verarbeitung siehe Hackbraten.

Hackbraten

Bouletten, Fleischpflanzerl, Frikadellen

3 Portionen; pro Portion ca. 1745 kJ (415 kcal)

Zutaten

375 g gemischtes Hackfleisch
1 altes Brötchen
Wasser zum Einweichen
1 Zwiebel
1 Ei
bis zu ½ Tasse Milch
Salz
Pfeffer
Zitronensaft
Muskat
Majoran
½ Teelöffel Senf
Paprika edelsüß

Gefäß

großer flacher Teller, Porzellanplatte, flache Porzellan- oder Glasschale

Abdeckung

offen garen

Einstellung und Zeit

7½–9 Minuten Garstellung

Zubereitung

Das Brötchen in Wasser einweichen, gut ausdrücken und mit dem Hackfleisch, der feingeschnittenen Zwiebel, dem Ei, Salz, Pfeffer, Muskat, Majoran, Senf und Zitronensaft gut durchkneten (am einfachsten mit einem elektrischen Handquirl mit Knethaken). Abschmecken. Fleischteig in 6 Portionen einteilen und mit nassen Händen 6 Frikadellen formen, glattstreichen und auf dem flachen Gefäß mit Abstand zueinander verteilen. Die Frikadellen oben mit edelsüßem Paprika gut bestreuen. 7½–9 Minuten offen im Mikrowellengerät auf Garstellung garen.

Tip

Sie können den Hackfleischteig auch mit einer Fertigmischung (enthält alles, außer Hackfleisch) anmachen. Die weitere Verarbeitung und die Garzeit bleiben gleich.

Königsberger Klopse

4 Portionen; pro Portion ca. 1750 kJ (430 kcal)

Zutaten

375 g gemischtes Hackfleisch
1 altes Brötchen
Wasser zum Einweichen
1 Zwiebel
1 Ei
bis zu ½ Tasse Milch
Salz
Pfeffer, Zitronensaft, Muskat
Sardellenpaste nach Belieben

Soße
3 leicht gehäufte Eßlöffel Mehl
1 Eßlöffel Butter
⅛ l Wasser
⅛ l Weißwein
¼ l Milch
1 gestrichener Teelöffel Salz
1 Prise Zucker
Zitronensaft
2 Eßlöffel Kapern

Gefäß

flache Schüssel, Auflaufform mit Deckel und Servierschüssel oder Terrine aus Glas, Porzellan für die Soße

Abdeckung

gut geschlossen garen

Einstellung und Zeit

Gesamtgarzeit: 12½–15 Minuten
Klopse: 7½–9 Minuten Garstellung
Soße: 5–6 Minuten Garstellung

Zubereitung

Hackfleisch, eingeweichtes und gut ausgedrücktes Brötchen, feingeschnittene Zwiebel, Ei, Salz, Pfeffer, Zitronensaft, Muskat und nach Belieben etwas Sardellenpaste gut durchkneten (am einfachsten mit einem elektrischen Handquirl mit Knethaken). Abschmecken. Fleischteig in 8 Portionen einteilen und mit nassen Händen 8 Klopse formen. In das Gefäß 5 Eßlöffel Wasser geben und die Klopse darin verteilen, gut abdecken und 7½–9 Minuten garen.
Soße: Inzwischen Soße vorbereiten: Mehl, Butter, Wasser, Milch, Salz, Zucker, Zitronensaft gut verquirlen (elektrischer Handquirl) und in das Serviergefäß gießen. Weißwein und Kapern einrühren. Wenn die Klopse fertig sind, Soße 5–6 Minuten garen, dabei mehrmals umrühren. Gut abschmecken. Klopse in die Soße einlegen, weitere 2 Minuten garen.

Tip

Sie können den Hackfleischteig auch mit einer Fertigmischung (enthält alles außer Hackfleisch) anmachen. Die weitere Verarbeitung und die Garzeit bleiben gleich.

Gefüllte Paprika

Foto Seite 71

3 Portionen; pro Portion ca. 3990 kJ (950 kcal)

Zutaten

6 mittelgroße grüne Paprikaschoten (ca. 1 kg)
1 Zwiebel
1 Knoblauchzehe
20 g Schweineschmalz
500 g gemischtes Hackfleisch
2 Eier
½ Teelöffel Paprika edelsüß
1 Teelöffel Salz
½ Teelöffel Pfeffer
200 g gekochter Reis
2 Eßlöffel gehackte Kräuter

Soße
2 Zwiebeln
50 g durchwachsener Speck
20 g Schweineschmalz
1 Eßlöffel Paprika edelsüß
¼ l Brühe
1 kleine Dose geschälte Tomaten
1 Eßlöffel Tomatenmark
Salz
5 Tropfen Tabasco
3 Eßlöffel saure Sahne

Gefäß

größere hohe Schüssel aus Glas, Porzellan oder Keramik oder Terrine mit Deckel

Abdeckung

geschlossen garen

Einstellung und Zeit

Gesamtgarzeit: 24–29 Minuten
Schoten: 6–8 Minuten Garstellung
Zwiebeln: 5–6 Minuten Garstellung
Paprika gefüllt: 13–15 Minuten Garstellung

Zubereitung

Von den Paprikaschoten Deckel abschneiden, Kerne und Scheidewände entfernen, waschen und in die Form stellen. Jede Schote mit 1 Eßlöffel Wasser füllen und zugedeckt 6–8 Minuten dünsten. Nach dem Garen das Wasser wieder abgießen. Zwiebel und Knoblauch fein hacken und mit Schmalz 5–6 Minuten in einer Tasse etc. garen. Hackfleisch, Zwiebelmasse, Reis, Eier, Paprika, Salz, Pfeffer und Kräuter gut mischen und in die Schoten füllen. Die Deckel aufsetzen. Das Gefäß abdecken und 13–15 Minuten garen.

Soße: Inzwischen die Soße auf der Kochplatte zubereiten: Zwiebel hacken, Speck würfeln und im Fett braten. Paprika, Brühe, Tomaten, Tomatenmark zugeben, 5 Minuten kochen lassen, mit Salz, Tabasco abschmecken. Sahne einrühren und die Soße zu den Paprikaschoten gießen.

Gefüllte Paprika ▷

Gefüllte Gurke

2 Portionen; pro Portion ca. 1550 kJ (375 kcal)

Zutaten
1 kleine Salatgurke
1 Teelöffel Öl
1 kleine Zwiebel
200 g Hackfleisch
1 Ei
Salz, Pfeffer, Muskat, Thymian, Paprika
Zitronensaft, gehackte Kräuter

Gefäß
flache Porzellanschale, Auflaufform

Abdeckung
geschlossen garen

Einstellung und Zeit
Gesamtgarzeit: 15–19 Minuten
Zwiebel: 4–5 Minuten Garstellung
Gurken: 6–8 Minuten Garstellung
mit Füllung: 5–6 Minuten Garstellung

Zubereitung
Zwiebel fein schneiden und mit Öl 4–5 Minuten ohne Abdeckung anrösten. Die Gurke schälen und in 3 cm breite Scheiben schneiden, innen aushöhlen, mit Salz und Zitrone gut würzen und auf die Zwiebel im Gefäß verteilen. 6–8 Minuten geschlossen garen. Hackfleisch mit Ei und den Gewürzen pikant abschmecken und die Gurkenstücke damit füllen, den Rest in kleinen Bällchen dazwischen verteilen. Mit Paprikapulver bestreuen. Geschlossen 5–6 Minuten garen.

Italienische Hackfleischsoße

4 Portionen; pro Portion ca. 1000 kJ (240 kcal)

Zutaten
300 g gemischtes Hackfleisch
1 große Zwiebel
1 Eßlöffel Öl
1 kleine Dose Tomatenmark
die gleiche Menge Wasser
Salz
Paprika, Pfeffer, Oregano, Knoblauch, Muskat, viele frische oder tiefgefrorene Kräuter
(Petersilie, Schnittlauch)
nach Belieben kleingewürfelte Oliven

Gefäß
Schüssel aus Glas, Porzellan, Keramik

Abdeckung
offen garen

Einstellung und Zeit
Gesamtgarzeit: 8½–11 Minuten
Zwiebel: 4–5 Minuten Garstellung
Hackfleisch: 3–4 Minuten Garstellung
Soße: 1½–2 Minuten Garstellung

Umrühren
ein- bis zweimal

Zubereitung
Die Zwiebel kleinschneiden und mit dem Öl 4–5 Minuten mit Mikrowelle anbraten. Hackfleisch fein verteilen und 3–4 Minuten garen. Inzwischen Tomatenmark, Wasser, Salz, Gewürze und Kräuter vermischen, in das gegarte Hackfleisch einrühren und weitere 1½–2 Minuten garen.

Geflügel

Die meisten Geflügelarten sind zart und lassen sich gut im Mikrowellengerät garen. Geflügelfleisch trocknet nicht so aus wie beim Braten und Grillen – es bleibt hier besonders saftig.

Ihr Mikrowellengerät eignet sich vorzüglich für gedünstete Geflügelgerichte: Frikassee, Ragout, Huhn in Wein gedünstet oder Geflügelrisotto. Geflügel kann immer auf der höchsten Leistungsstufe gegart werden.

Beim Mikrowellengaren von Geflügel bildet sich keine knusprige Haut. Wenn Sie eine gebräunte Haut wollen, braten Sie das Geflügel kurz in der Pfanne an.

Tips

Probieren Sie doch öfters einmal Putenfleisch: Es ist zart, saftig, ausgesprochen mager und weitaus billiger als Kalbfleisch oder Rindfleisch.

Wenn Sie kalte Geflügelsalate zubereiten wollen, garen Sie das Geflügel (Hähnchen, Pute, Poularde) in Zukunft einfach und schnell im Mikrowellengerät:

1 kg Hähnchen in einer geschlossenen Schüssel mit der Brustseite nach oben 10 Minuten auf Garstellung dünsten, wenden und in weiterer 4–7 Minuten auf Garstellung fertiggaren.

- Sie können die Rezepte natürlich jederzeit auf die Personenzahl in Ihrer Familie abstimmen. Vermeiden Sie jedoch sehr große Mengen. Die Zeiten ändern sich dann entsprechend:
  doppelte Menge = fast doppelte Zeit
  halbe Menge = halbe Zeit

- Die angegebenen Zeiten sind Anhaltswerte und können sich je nach Zutaten, Alter und Sorte der Lebensmittel, Gefäßen oder Anfangstemperaturen geringfügig verlängern oder verkürzen.

- Die kürzeren Zeiten sind für Geräte mit 720 W Leistung, die längeren Zeiten für Geräte mit 600 W Leistung.

Putenbraten

4 Portionen; pro Portion ca. 1570 kJ (375 kcal)

Zutaten
400 g Putenbrust
1 Eßlöffel Sojasoße
½ Teelöffel Salz
6 Scheiben geräucherter, durchwachsener
Speck (Bacon)

Gefäß
Porzellanplatte

Abdeckung
offen garen

Einstellung und Zeit
10–12 Minuten Garstellung
(mit Bratstellung 20 Minuten)

Zubereitung
Die Putenbrust mit Sojasoße bestreichen, mit
Salz bestreuen und mit Speck belegen. 10–12
Minuten offen garen.

Putenschnitzel

2 Portionen; pro Portion ca. 1360 kJ (325 kcal)

Zutaten
1 Teelöffel Butter
2 Eßlöffel süße Mandelblättchen
200 g Putenbrust
½ Teelöffel Salz, Curry
4 Cocktailkirschen
Petersiliensträußchen

Gefäß
Porzellanplatte, Dessertteller

Abdeckung
offen garen

Einstellung und Zeit
Gesamtgarzeit: 5½–7 Minuten
Mandeln: 3–4 Minuten Garstellung
Fleisch: 2½–3 Minuten Garstellung

Zubereitung
Mandelblättchen mit Butter auf Dessertteller
3–4 Minuten anbräunen. Beiseite stellen.
Putenbrust in ca. ½ cm dicke Scheiben schneiden, salzen und mit Curry bestreuen. Garen.
Nach dem Garen die Mandelblättchen darübergeben, mit den Cocktailkirschen servieren, mit Petersilie anrichten.

Putenbraten ▷

Putenkeulen

2 Portionen; pro Portion ca. 2640 kJ (630 kcal)

Zutaten

2 junge Putenkeulen (zusammen ca. 900 g)
100 g durchwachsener Speck in Scheiben
Salz,
Pfeffer
Paprika

Gefäß

größere flache Schale aus Glas, Keramik oder
Porzellan mit Deckel

Abdeckung

geschlossen garen

Einstellung und Zeit

17–23 Minuten Garstellung

Zubereitung

Die Putenkeule häuten, mit den Gewürzen gut
einreiben und mit den Speckscheiben einwickeln. Nebeneinander in die Schale legen,
abdecken und 17–23 Minuten garen.

Huhn in Paprikasoße

3–4 Portionen; pro Portion 2300–1725 kJ
(550–410 kcal)

Zutaten

1 Poularde (1200 g, aufgetaut) gesalzen

Soße
40 g Butter
1 kleingeschnittene Zwiebel
1 kleingeschnittener Apfel
½ Teelöffel Curry
1 Eßlöffel Paprika edelsüß, Salz
1–2 Eßlöffel Tomatenmark
bis ¼ l Wasser
1–2 Teelöffel Speisestärke
Zitrone, Pfeffer, Salz,
Ketchup

Gefäß

größeres feuerfestes Gefäß mit Deckel

Abdeckung

geschlossen garen

Einstellung und Zeit

Gesamtgarzeit: 21–26 Minuten
Zutaten: 5–6 Minuten Garstellung
Poularde: 16–20 Minuten Garstellung

Umrühren

Poularde einmal wenden

Zubereitung

Butter, Zwiebel, Apfel, Curry, Paprika, Salz
5–6 Minuten andünsten. Inzwischen die auf-
getaute, rohe Poularde waschen und vierteln.
Tomatenmark und Wasser verrühren und mit
den Poulardenteilen (Hautseite nach unten) zu
den gedünsteten Zutaten geben. 16–20 Minuten garen. Dann Soße mit Speisestärke binden,
abschmecken. Die Poularde in der Soße anrichten.
Beilagen: Kartoffeln, Reis, grüner Salat.

Huhn Cacciatori

3 Portionen; pro Portion ca. 1883 kJ (450 kcal)

Zutaten
1 Hähnchen oder Poularde (ca. 1 kg)
250 g Tomaten
1 kleine Dose Tomatenmark
1 feingeschnittene Zwiebel
1 Teelöffel Salz, ½ Teelöffel Oregano
1 Knoblauchzehe, etwas Pfeffer, Thymian
⅛ l Rotwein

Gefäß
größeres feuerfestes Gefäß
(Auflaufform, Terrine)

Abdeckung
geschlossen garen

Einstellung und Zeit
14½–18 Minuten Garstellung

Zubereitung
Tomaten achteln, nach Belieben schälen, Zwiebel in Ringe schneiden, Knoblauch sehr fein schneiden; mit Tomatenmark, Salz, Oregano, Pfeffer, Thymian und Wein im Gefäß verrühren. Das Huhn vierteln, nach Belieben Haut abziehen, in die Soße legen. 14½–18 Minuten garen.

Hähnchen in Rotwein

3 Portionen; pro Portion ca. 2230 kJ (535 kcal)

Zutaten
40 g durchwachsener, gewürfelter Speck
2 gewürfelte Zwiebeln
1 feingeschnittene Knoblauchzehe
1 Hähnchen (900 g, aufgetaut)
5 Eßlöffel Weinbrand
⅛ l Rotwein
Salz, Pfeffer
1 Lorbeerblatt, Thymian
100 g frische Champignons
1 abgezogene, gewürfelte Tomate
1 Teelöffel Speisestärke

Gefäß
größere Auflaufform aus Glas, Porzellan

Abdeckung
Speck, Zwiebeln, Knoblauch offen
Hähnchen geschlossen

Einstellung und Zeit
Gesamtgarzeit: 18½–23 Minuten
Zwiebeln, Speck, Knoblauch: 4–5 Minuten
Garstellung
Hähnchen: 13–16 Minuten Garstellung
Soße: 1½–2 Minuten Garstellung

Zubereitung
Speck, Zwiebeln, Knoblauch 4–5 Minuten anrösten. Hähnchen waschen, in 6 Teile schneiden, Haut abziehen, mit den übrigen Zutaten in das Gefäß geben und 13–16 Minuten garen. Speisestärke zugeben und 1½–2 weitere Minuten garen.

Hühnerbrüstchen im Speckmantel

2 Portionen; pro Portion ca. 1475 kJ (350 kcal)

Zutaten
300 g Hühnerfleisch
5 Scheiben durchwachsener Speck
Salz, Paprika edelsüß
1 Tomate, frische Petersilie
Zahnstocher

Gefäß
Eßteller

Abdeckung
offen garen

Einstellung und Zeit
7–8 Minuten Garstellung

Zubereitung
Das Hühnerfleisch in 10–12 Portionsstücke schneiden, salzen, mit je ½ Scheibe durchwachsenem Speck umwickeln und mit Zahnstocher zusammenhalten. Gut mit Paprika würzen. Nebeneinander auf den Teller geben, in die Mitte die kreuzweise eingeschnittene Tomate. Garen und mit Petersilie bestreuen.

Geflügelrisotto

Foto Seite 79

3 Portionen; pro Portion ca. 1970 kJ (470 kcal)

Zutaten
1 mittlere Zwiebel
40 g Butter
1 Tasse Langkornreis
1½ Tassen gut abgeschmeckte Brühe
½ Teelöffel Salz, ¼ Teelöffel Pfeffer
½ Teelöffel Curry
100 g gefrorene Erbsen
200 g Pfifferlinge (Dose oder frisch)
1 Eßlöffel gehackte Petersilie
½ rote Paprikaschote
200 g Geflügelfleisch
(Putenschnitzel, Hähnchenbrust o. ä.)

Gefäß
größere Terrine aus Glas, Porzellan oder Keramik mit Deckel

Abdeckung
geschlossen garen

Einstellung und Zeit
Gesamtgarzeit: 32–35 Minuten
Zwiebel: 4–5 Minuten Garstellung
Risotto: 8–10 Minuten Garstellung
und 20 Minuten Fortkoch-(Auftau-)automatik

Zubereitung
Zwiebel in kleine Würfel schneiden und mit Butter in der Terrine 4–5 Minuten garen. Reis, Brühe, Salz, Pfeffer, Curry, Erbsen, Pfifferlinge, Petersilie dazugeben. Die Paprikaschote in kleine Würfel, Geflügelfleisch in Stücke schneiden und mit den anderen Zutaten mischen. Dann geschlossen 8–10 Minuten garen und 20 Minuten fortkochen.
Mit einer Gabel lockern.

Geflügelrisotto

Hühnerfrikassee

4 Portionen; pro Portion ca. 1920 kJ (460 kcal)

Zutaten

1 Poularde (1200 g)
5 Eßlöffel Wasser
Salz

Soße

3 leicht gehäufte Eßlöffel Mehl
1 Eßlöffel Butter
¼ l Wasser
¼ l Milch
1 gestrichener Teelöffel Salz
1 Prise Zucker
Saft von ½ Zitrone
1 Eigelb
3 Eßlöffel saure Sahne
1 kleine Dose Spargel in Stücken

Gefäß

flache Schüssel aus Glas, Porzellan oder Auflaufform mit Deckel und ein größeres Serviergefäß

Abdeckung

Poularde geschlossen garen
Soße offen garen

Einstellung und Zeit

Gesamtgarzeit: 23–29 Minuten
Poularde: 16–20 Minuten Garstellung
Soße: 5–6 Minuten Garstellung
beides: 2–3 Minuten Garstellung

Umrühren

Soße: nach 2, 4 und 6 Minuten gut durchrühren

Zubereitung

Die Poularde roh vierteln und mit Wasser und
Salz garen. Nach dem Abkühlen häuten und
entbeinen und das Fleisch in Portionsstücke
teilen.
Soße: Mehl, Butter, Wasser, Milch, Salz,
Zucker, Zitrone gut verquirlen (elektrischer
Handquirl) und in einem Serviergefäß garen.
Alle 2 Minuten gut durchrühren.
Das Hühnerfleisch und die abgetropften Spar-
gelstücke in die Soße geben, 2–3 Minuten
nachwärmen. Mit Eigelb legieren, mit Sahne
verfeinern.

Chinahuhn

2 Portionen; pro Portion ca. 965 kJ (230 kcal)

Zutaten

2 Hühnerbrüstchen (ca. 200 g)
1 Zwiebel
1 Knoblauchzehe
2 Teelöffel Salz
1 Eßlöffel Sojasoße
Saft einer halben Zitrone
1 Messerspitze Sambal Nasi Goreng
1 Eßlöffel Öl
1 Handvoll Glasnudeln
Wasser
1 Dose gemischtes chinesisches Gemüse
(ca. 300 g)

Gefäß

flache Schüssel oder Schale aus Glas, Keramik
oder Porzellan

Abdeckung

Fleisch offen garen,
nach Gemüsezugabe abdecken

Einstellung und Zeit

Gesamtgarzeit: 9–11 Minuten
Fleisch: 4–5 Minuten Garstellung
mit Gemüse: 5–6 Minuten Garstellung

Umrühren

Gemüse vor dem Erhitzen mit dem Fleisch
mischen

Zubereitung

Hühnerbrüstchen in dünne Streifen schneiden,
die Zwiebel fein würfeln, die Knoblauchzehe
mit Salz zerquetschen. Alles gut mit Sojasoße,
Zitronensaft, Öl und Sambal mischen und etwas ziehen lassen. Glasnudeln in kaltem Wasser einweichen. Das Fleisch garen. Das Gemüse und die abgetropften Glasnudeln dazugeben
und fertiggaren.

Fisch

Entdecken Sie Fisch als gesunde Feinschmekkerkost! Im Mikrowellengerät lassen sich Fische in bisher nicht geahnter Schnelligkeit und Qualität zubereiten. Frisch oder tiefgefroren – Fisch aus dem Mikrowellengerät ist eine Delikatesse! Übrigens: Fisch ist auch zart, gut bekömmlich und sehr gesund! Fürs Mikrowellengaren sollten Sie Fisch auf die übliche Art nach den drei »s« zubereiten: *s*äubern, *s*äuern, aber wenig *s*alzen, jedoch pikant würzen.

Die meisten Fischgerichte sind am schnellsten und besten mit der Garstufe gekocht. Nur Fisch, der in viel Flüssigkeit zubereitet werden soll, wird mit der Fortkoch-Automatik gegart. Ebenso große, ganze Fische (ab einem Gewicht von ca. 1–1,5 Kilo) angaren mit der Garstufe und durchgaren mit der Fortkochleistung (oder Bratstellung).

Fischfilet immer geschlossen garen, damit es nicht trocken wird. Verzichten Sie auf zuviel Wasserzugabe, am besten Fisch nur im eigenen Saft dünsten!

Auch bei »*blauen*« Fischen nur wenig, aber konzentrierten Sud (es genügt ½ cm hoch im Gefäß) nehmen und den Fisch einmal wenden.

Ganze, größere Fische können Sie offen garen. Gut würzen oder auch mit Speckstreifen belegen.

Panierter Fisch (Fischstäbchen o. ä.) eignet sich nicht gut für das Mikrowellengaren, weil die Panade nicht knusprig wird.

Tips
- Stützen Sie einen ganzen Fisch mit der Bauchöffnung auf eine Tasse, dann brauchen Sie ihn nicht zu wenden.
- Fischgerichte, mit Speck, Käse oder Tomaten zubereitet, ergeben einen besonders pikanten Geschmack.

- Sie können die Rezepte natürlich jederzeit auf die Personenzahl in Ihrer Familie abstimmen. Vermeiden Sie jedoch sehr große Mengen. Die Zeiten ändern sich dann entsprechend:
  doppelte Menge = fast doppelte Zeit
  halbe Menge = halbe Zeit

- Die angegebenen Zeiten sind Anhaltswerte und können sich je nach Zutaten, Alter und Sorte der Lebensmittel, Gefäßen oder Anfangstemperaturen geringfügig verlängern oder verkürzen.

- Die kürzeren Zeiten sind für Geräte mit 720 W Leistung, die längeren Zeiten für Geräte mit 600 W Leistung.

Heilbuttschnitte in Weißwein

1–2 Portionen; ca. 1800 kJ (430 kcal)

Zutaten
300 g Heilbutt
Zitronensaft, Salz
4 Eßlöffel Weißwein
10 g Butter
2 Teelöffel Dillspitzen

Gefäß
Schale, tiefer Teller

Abdeckung
geschlossen garen

Einstellung und Zeit
5–6 Minuten Garstellung

Zubereitung
Die Heilbuttschnitte mit Zitrone beträufeln, salzen. Weißwein darübergießen. Butterflöckchen aufsetzen. Vor dem Servieren mit Dillspitzen bestreuen.

Fisch mit schwarzen Oliven

2–3 Portionen; pro Portion ca. 1470–2200 kJ (350–525 kcal)

Zutaten
400 g Fischfilet in Würfeln
10 schwarze Oliven
50 g frische Champignons
⅛ l Dosenmilch
½ Dose Tomatenmark
½ Teelöffel Salz
Pfeffer
40 g geriebener Käse
20 g Butter

Gefäß
flache Auflaufform, Glasschale

Abdeckung
geschlossen garen

Einstellung und Zeit
9–11 Minuten Garstellung

Zubereitung
Fischwürfel in der Form verteilen, Oliven und Champignons in Scheiben schneiden, auf dem Fisch verteilen. Milch, Tomatenmark, Salz, Pfeffer, Käse verrühren und über den Fisch gießen. Butter in Flöckchen darauf verteilen und 9–11 Minuten garen.

Goldbarsch auf badische Art

2–3 Portionen; pro Portion ca. 1215–1825 kJ
(290–435 kcal)

Zutaten

3 Tomaten in Scheiben
400 g Goldbarschfilet
1 Teelöffel Kapern
50 g gewürfelter Schinken
1 mittlerer kleingewürfelter Apfel
1 kleingewürfelte saure Gurke
1 feingeschnittene Zwiebel
10 g Butter
2 Scheiben Schmelzkäse in Streifen
Petersilie

Gefäß

flache Auflaufform, Glasschale

Abdeckung

geschlossen garen

Einstellung und Zeit

Gesamtgarzeit: 10½–13 Minuten
Fisch mit Zutaten: 9–11 Minuten Garstellung
mit Käse: 1½–2 weitere Minuten Garstellung

Zubereitung

Die Form mit den Tomaten auslegen, das
Fischfilet darauflegen, Kapern, Schinken, Apfel, Gurke, Zwiebel, Butter auf dem Fisch verteilen. 9–11 Minuten garen. Den Käse auf dem
Fisch verteilen, weitere 1½–2 Minuten garen,
mit Petersilie bestreuen.

Rotbarschfilet natur

2 Portionen; pro Portion ca. 1250 kJ (300 kcal)

Zutaten

400 g tiefgefrorenes Rotbarschfilet
Zitronensaft
Salz
Butterflöckchen
gehackte Petersilie

Gefäß

flaches Porzellan-, Glasgefäß

Abdeckung

geschlossen garen

Einstellung und Zeit

10–12 Minuten Garstellung

Umrühren

Filets einmal wenden

Zubereitung

Die Filets nebeneinanderlegen. Mit Zitrone
und Salz gut würzen. Butterflöckchen auflegen. 10–12 Minuten garen auf Garstellung.
Nach halber Garzeit Filets wenden. Mit Petersilie bestreuen.

Französischer Zwiebelfisch

2–3 Portionen; pro Portion ca. 950–1425 kJ
(225–340 kcal)

Zutaten
250 g Zwiebeln in feinen Scheiben
20 g Fett
400 g Fischfilet
Zitrone
Salz
Paprika edelsüß
6 Eßlöffel saure Sahne

Gefäß
flache Auflaufform, Glasschale

Abdeckung
geschlossen garen

Einstellung und Zeit
Gesamtgarzeit: 18½–23 Minuten
Zwiebeln: 10½–13 Minuten Garstellung
Fisch: 8–10 Minuten Garstellung

Zubereitung
Zwiebeln im Fett 10½–13 Minuten andünsten. Inzwischen Fischfilet säuern, Salz, Paprika und Sahne mischen. Fisch auf die Zwiebeln legen, mit der Soße übergießen. 8–10 Minuten garen.

Hollywood-Filet

2–3 Portionen; pro Portion ca. 1000–1510 kJ
(240–360 kcal)

Zutaten
400 g Fischfilet
20 g Sardellenbutter
4 Eßlöffel geriebener Parmesan
3 Tomaten in Scheiben
Salz
3 Scheiben Schmelzkäse

Gefäß
flache Auflaufform, Glasschale

Abdeckung
geschlossen garen

Einstellung und Zeit
8–10 Minuten Garstellung

Zubereitung
Fischfilet mit Sardellenbutter bestreichen und in die Form legen. Parmesan darüberstreuen, Tomaten darauf verteilen, den Käse in Streifen auf die Tomaten legen, 8–10 Minuten garen.

Schollenröllchen in frischer Petersilie

Foto Seite 87

2 Portionen; pro Portion ca. 1740 kJ (415 kcal)

Zutaten
400 g tiefgefrorene Schollenfilets
20 g Butter
Salz
Saft von ½ Zitrone
60 g Schmelzkäse
2 Eßlöffel Milch
2 Eßlöffel gehackte Petersilie
2 Tomaten

Gefäß
flache Schale oder Schüssel aus Glas oder Porzellan

Abdeckung
abgedeckt garen (Teller oder Folie)

Einstellung und Zeit
Gesamtgarzeit: 11½–13 Minuten
Fisch: 5 Minuten Auftaustufe
Röllchen: 6½–8 Minuten Garstellung

Zubereitung
Fischfilet in 5 Minuten auf Auftaustufe auftauen. Die flache Schale mit Butter ausstreichen. Die Schollenfilets längs halbieren, so daß sie die doppelte Anzahl ergeben. Salzen und mit Zitrone würzen. Aufrollen und dicht nebeneinander in die Form stellen. In die Mitte die überkreuz eingeschnittenen Tomaten setzen. Käse in kleinen Stückchen auf die Fischröllchen geben. Milch darübergeben, mit Petersilie bestreuen. 6½–8 Minuten abgedeckt garen.

Gefüllte Scholle

1 Portion; ca. 1420 kJ (340 kcal)

Zutaten
1 Scholle (ca. 250 g)
Zitronensaft, Salz
einige kleine Champignons
1 Eßlöffel Butter
1 Eßlöffel Tomatenmark
Salz, Pfeffer

Gefäß
Schale oder tiefer Teller aus Glas, Porzellan, hitzebeständigem Kunststoff

Abdeckung
geschlossen garen

Einstellung und Zeit
je nach Dicke 4–7 Minuten Garstellung

Zubereitung
Die Scholle säubern, säuern, wenig salzen. In Richtung der Mittelgräte tief einschneiden, in den Einschnitt dicht nebeneinander Champignons stecken und mit Zitrone beträufeln. Butter mit Tomatenmark und Gewürzen verrühren und auf der Scholle verteilen. Garen.

Schollenröllchen in frischer Petersilie ▷

Fischgulasch

2 Portionen; pro Portion ca. 1150 kJ (225 kcal)

Zutaten

400 g tiefgefrorenes Fischfilet in Würfeln
1 gehackte Zwiebel
Knoblauchpulver
1 Eßlöffel Wasser
½ Eßlöffel Öl
½ Eßlöffel Zitronensaft
Salz
Saft von ½ Zitrone
1 Eßlöffel Sojasoße
2 Eßlöffel Wasser
½ Eßlöffel Essig
1 Prise Zucker
Pfeffer, Salz

Gefäß

Schüssel aus Glas, Porzellan

Abdeckung

geschlossen garen

Einstellung und Zeit

Gesamtgarzeit: 9–11 Minuten
Sud: 1½–2 Minuten Garstellung
Fisch und Soße: 7½–9 Minuten Garstellung

Umrühren

Fisch nach 4–5 Minuten umrühren

Zubereitung

Zwiebel, Knoblauchpulver, Wasser, Öl, Zitronensaft, Salz verrühren und 1½–2 Minuten garen. Inzwischen Fischwürfel mit Zitronensaft säuern, zu den Zwiebeln geben, mit der Mischung aus Sojasoße, Wasser, Essig, Zucker, Pfeffer, Salz übergießen. 7½–9 Minuten garen. Nach halber Garzeit umrühren.

Ganzer Fisch, gebraten

6 Portionen; pro Portion ca. 1120 kJ (270 kcal)

Zutaten

1,5 kg Fisch im Stück
100 g Speckstreifen
½ Teelöffel Salz
2 Zitronen

Gefäß

Porzellanplatte

Abdeckung

offen garen

Einstellung und Zeit

Gesamtgarzeit: 19½–22 Minuten
Garstellung: 9½–12 Minuten
Fortkoch- bzw. Auftauautomatik: 10 Minuten

Zubereitung

Fisch schuppen, säubern, säuern, salzen, aufrecht auf eine Tasse gestützt auf die Platte geben, mit den Speckstreifen belegen. Garen. Mit Zitronenachteln servieren.

Ganzer Fisch, blau

6 Portionen; pro Portion ca. 1120 kJ (270 kcal)

Zutaten

1,5 kg Fisch im Stück (frisch oder aufgetaut)
5 Eßlöffel Essig
10 Eßlöffel Wasser
Salz
2 Teelöffel gehackte Petersilie
½ Zitrone in Scheiben
Petersiliensträußchen

Gefäß

flache Schale, Auflaufform mit Deckel

Abdeckung

geschlossen garen

Einstellung und Zeit

Gesamtgarzeit: 18–20 Minuten
Garstellung: 8–10 Minuten
Fortkoch- bzw. Auftauautomatik: 10 Minuten

Umrühren

Fisch einmal wenden

Zubereitung

Fisch schuppen, säubern, salzen und in den Sud aus Wasser, Essig, Salz und Petersilie legen. Fisch evtl. rundbinden. Garen, dabei einmal wenden. Mit Zitronenscheiben und Petersiliensträußchen servieren.

Kabeljau »Castelli«

2–3 Portionen; pro Portion ca. 870–1300 kJ (205–310 kcal)

Zutaten

20 g Butter
1 feingeschnittene Zwiebel
1 feingeschnittene Knoblauchzehe
2 geraspelte Karotten
1 Eßlöffel Perlzwiebeln
1 Eßlöffel Tomatenmark
5 Eßlöffel Wasser
Salz, Cayennepfeffer
6 Eßlöffel Weißwein
1 Eßlöffel Cognac
400 g Kabeljaufilet in Würfeln

Gefäß

flache Auflaufform, Glasschale oder tiefe, ovale Platte

Abdeckung

geschlossen garen

Einstellung und Zeit

Gesamtgarzeit: 12–15 Minuten
Zwiebel, Karotte: 4–5 Minuten Garstellung
Soße und Fisch: 8–10 Minuten Garstellung

Zubereitung

Butter, Zwiebel, Knoblauch, Karotten, Perlzwiebeln 4–5 Minuten garen. Die restlichen Zutaten verrühren und mit dem gewürfelten Fischfilet in die Form geben und alles zusammen 8–10 Minuten garen.

Forelle blau

Foto Seite 91

2 Portionen; pro Portion ca. 730 kJ (175 kcal)

Zutaten
2 tiefgefrorene Forellen (ca. 350 g)
3 Eßlöffel Essig, 7 Eßlöffel Wasser
reichlich Salz
1 Teelöffel gehackte Petersilie
½ Zitrone in Scheiben
1 Petersiliensträußchen zusätzlich

Gefäß
langes, flaches Gefäß aus Glas, Porzellan

Abdeckung
geschlossen garen

Einstellung und Zeit
8–10 Minuten Garstellung
(aufgetaut oder frisch 5–6 Minuten)

Umrühren
Forellen nach halber Garzeit wenden

Zubereitung
Essig, Wasser, Salz und die gehackte Petersilie in das Gefäß geben. Die tiefgefrorenen Forellen in den Sud legen, 4–5 Minuten garen, wenden, 4–5 Minuten fertiggaren. Mit Petersiliensträußchen und Zitronenscheiben garnieren.

Mandelforelle

2 Portionen; pro Portion ca. 2000 kJ (480 kcal)

Zutaten
30 g Blattmandeln
20 g Butter
2 tiefgefrorene Forellen (ca. 350 g)
Zitrone, Salz, Pfeffer
40 g Butter

Gefäß
flaches, langes Gefäß aus Glas, Porzellan

Abdeckung
offen garen

Einstellung und Zeit
Gesamtgarzeit: 10½–12½ Minuten
Mandeln: 3–3½ Minuten Garstellung
Forellen: 7½–9 Minuten (aufgetaut oder frisch 5½–7 Minuten) Garstellung

Umrühren
Mandeln einmal

Zubereitung
20 g Butter und Mandeln 3–3½ Minuten offen rösten, beiseite stellen. Tiefgefrorene Forellen mit Zitrone, Salz, Pfeffer würzen, mit Butterflocken belegen und 6–7 Minuten offen garen. Mandeln darüber verteilen und weitere 1½–2 Minuten garen.

Forelle blau ▷

Saibling vom Königssee

2 Portionen; pro Portion ca. 2690 kJ (640 kcal)

Zutaten

2 Saiblinge oder 2 Forellen, je 250–300 g
Zitronensaft
Salz
1 Tasse trockener Weißwein
1 Zitronenscheibe
½ Bund Petersilie

Soße
100 g Butter
etwas Salz
1 Eßlöffel feingehackte Petersilie

Gefäß

flache längliche Terrine aus Glas, Porzellan
oder Keramik mit Deckel, für die Soße kleine
Schüssel

Abdeckung

geschlossen garen

Einstellung und Zeit

Gesamtgarzeit: 9–11½ Minuten
Fische: 8–10 Minuten Garstellung
Soße: 1–1½ Minuten Garstellung

Zubereitung

Die Fische säubern, mit Zitrone säuern und
salzen, in die Form legen. Zitronenscheibe und
Petersilie dazugeben, mit Weißwein übergießen
und geschlossen garen.
Soße: Für die Soße Butter, Salz und Petersilie
zusammen erhitzen.
Beilage: Salzkartoffeln.

Karpfen, gedünstet

6 Portionen; pro Portion ca. 1150 kJ (275 kcal)

Zutaten

1 Karpfen, 1,5 kg schwer
100 g durchwachsener Speck in feinen Streifen
Salz, Paprika
Pfeffer, Salbei
2 Zitronen
1 Bund Petersilie, Dill
1 Tomate in Scheiben
nach Belieben Meerrettichsahne

Gefäß

Platte oder flache Schale aus Porzellan, Glas
oder Keramik, eine Tasse

Abdeckung

offen garen

Einstellung und Zeit

Gesamtgarzeit: 19½–22 Minuten
Garstellung: 9½–12 Minuten
Fortkochautomatik: 10 Minuten

Zubereitung

Den Fisch gründlich waschen, mit dem Saft einer Zitrone beträufeln und innen und außen
mit Salz und Gewürzen einreiben. Speckstreifen in Paprika wälzen. Den Fisch, auf eine
umgedrehte Tasse gestützt, auf die Platte stellen, die Speckstreifen darüberlegen, dann
9½–12 Minuten auf Garstellung und 10 Minuten auf Fortkochautomatik (Auftaustufe) garen. Mit Zitronenachteln, Petersilie, Dill und
Tomatenscheiben garnieren. Nach Belieben
mit Meerrettichsahne servieren.

Beilagen

Mit der Zubereitung von Kartoffeln, Reis, einigen Fertigprodukten oder wenigen Knödeln und Klößen haben Sie im Mikrowellengerät keine Probleme. Schnell und einfach sind diese Beilagen fertig. Beilagen, wie Teigwaren oder Knödel, die in viel Wasser kochen müssen, werden auch im Mikrowellengerät nicht anders als gewohnt zubereitet:

In kochendes Wasser geben, mit Garstellung aufkochen und mit der niedrigen Fortkochstufe ausquellen bzw. garziehen lassen. Bei Knödeln oder Klößen verkürzt sich die Garzeit etwas. Bei Teigwaren und Reis ist die Quellzeit (Fortkochzeit) nicht von der Menge abhängig. Für größere Mengen Teigwaren oder Knödel ist der normale Küchenherd besser geeignet.

Beim Erwärmen von Beilagen jedoch ist Ihr Mikrowellengerät jeder bisherigen Methode überlegen (siehe Kapitel »Erwärmen«) – schnell und mühelos sind Beilagen ohne erneute Fett- oder Wasserzugabe wieder heiß. Versuchen Sie nicht, mit Mikrowelle zu fritieren. Die Fett-Temperatur kann nicht konstant eingehalten werden.

- Sie können die Rezepte natürlich jederzeit auf die Personenzahl in Ihrer Familie abstimmen. Vermeiden Sie jedoch sehr große Mengen. Die Zeiten ändern sich dann entsprechend:
  doppelte Menge = fast doppelte Zeit
  halbe Menge = halbe Zeit

- Die angegebenen Zeiten sind Anhaltswerte und können sich je nach Zutaten, Alter und Sorte der Lebensmittel, Gefäßen oder Anfangstemperaturen geringfügig verlängern oder verkürzen.

- Die kürzeren Zeiten sind für Geräte mit 720 W Leistung, die längeren Zeiten für Geräte mit 600 W Leistung.

Salzkartoffeln

1 Portion (200 g); ca. 719 kJ (170 kcal)

Zutaten
Kartoffeln
4–7 Eßlöffel Wasser, je nach Kartoffelmenge
¼–½ Teelöffel Salz

Gefäß
Glas-, Porzellanschüssel, Terrine mit Deckel, für kleine Mengen eignet sich auch ein Einweckglas mit Deckel

Abdeckung
gut geschlossen garen

Einstellung und Zeit
250 g: 6–7 Minuten Garstellung
500 g: 10–13 Minuten Garstellung
750 g: 15–18 Minuten Garstellung

Umrühren
größere Mengen einmal umrühren

Zubereitung
Kartoffeln schälen und gut waschen. Je nach Größe halbieren oder vierteln. Mit Wasser im geschlossenen Gefäß garen. Salz nach dem Garen zugeben. Die Garzeit kann je nach Sorte etwas variieren. Vor dem Servieren 2 Minuten stehen lassen.

Petersilienkartoffeln

Frisch gegarte Salzkartoffeln in 30 g Butter und 2 Eßlöffeln gehackter Petersilie schwenken. Oben zusätzlich mit etwas Petersilie bestreuen.

Pellkartoffeln mit Kümmel

Kartoffeln sehr gut waschen und bürsten. Nicht schälen. Gefäß, Abdeckung, Einstellung und Zeit siehe Salzkartoffeln. Nach Belieben Kümmel zugeben.

Gebackene Kartoffeln

1 Portion (200 g); ca. 719 kJ (170 kcal)

Zutaten
Kartoffeln

Gefäß
ohne Gefäß auf der Glasplatte oder Teller

Abdeckung
offen garen

Einstellung und Zeit
250 g: 6–7 Minuten Garstellung
500 g: 10–13 Minuten Garstellung
750 g: 15–18 Minuten Garstellung

Zubereitung
Gleichmäßig große Kartoffeln sehr gut waschen und bürsten. Mit einer Gabel mehrmals einstechen. Die Garzeit kann je nach Sorte und Größe etwas variieren. Nach halber Zeit die Kartoffeln einmal wenden. Vor dem Servieren 2 Minuten stehen lassen.

Bratkartoffeln aus rohen Kartoffeln

3 Portionen; pro Portion ca. 1050 kJ (250 kcal)

Zutaten
500 g Kartoffeln
1 mittelgroße Zwiebel
1 Eßlöffel Öl
Salz, Pfeffer, Kümmel
30 g durchwachsener Speck

Gefäß
Schüssel, Auflaufform oder Terrine aus Glas, Porzellan oder Keramik mit Deckel

Abdeckung
geschlossen garen

Einstellung und Zeit
Gesamtgarzeit: 16–19 Minuten
Zwiebel: 5–6 Minuten Garstellung
Kartoffeln: 10–13 Minuten Garstellung

Zubereitung
Zwiebel in feine Scheiben oder Stücke schneiden, offen mit dem Öl 5–6 Minuten anrösten. Inzwischen Kartoffeln schälen, waschen, in etwa 1 cm dicke Scheiben schneiden. Mit den gerösteten Zwiebeln, Salz, Pfeffer und Kümmel in das Gefäß einschichten. Den Speck in kleine Würfel schneiden und auf den Kartoffeln verteilen. 10–13 Minuten geschlossen garen.

Reis

1 Portion; ca. 960 kJ (230 kcal)

Reis muß quellen. Diesen Quellprozeß kann auch die Mikrowelle nicht beschleunigen. Dennoch hat das Garen von Reis im Mikrowellengerät Vorteile: Sie können den Reis direkt in der Servierschüssel zubereiten – und der Reis kann nicht anbrennen!

Zutaten
Reis (Langkornreis: parboiled)
Wasser, Salz
Mengen siehe Tabelle unten

Butterreis

Zusätzlich 30 g Butter zugeben.

Brühreis

Statt Wasser und Salz gut abgeschmeckte Brühe (Fleisch-, Hühner-, Würfelbrühe) nehmen.

Curryreis

1 feingeschnittene Zwiebel in 40 g Öl im abgedeckten Gefäß 4–5 Minuten auf Garstellung andünsten. 1–2 Teelöffel Curry, Brühe, Reis zugeben.

Gefäß
Glas-, Porzellanschüssel, Terrine mit Deckel

Abdeckung
Gut geschlossen garen, Schüssel mit großem Eßteller abdecken.

Einstellung und Zeit
siehe Tabelle unten

Umrühren
nicht rühren

Zubereitung
Alle Zutaten in das Gefäß geben. Auf der Garstellung zum Kochen bringen, auf der Fortkochautomatik bzw. auf der Auftauautomatik ausquellen lassen. Vor dem Servieren den Reis mit einer Gabel lockern.

Portionen	Reis	Wasser	Salz	Zeit	
				1. »Garen«	2. »Fortkochen« (Auftauen)
2	125 g 1 Tasse	gut ¼ l oder knapp 2 Tassen	½ Teelöffel	4–5 Minuten*	20 Minuten
4	250 g 2 Tassen	gut ½ l oder knapp 4 Tassen	1 Teelöffel	6½–8 Minuten*	20 Minuten
6	375 g 3 Tassen	gut ¾ l oder 5½ Tassen	1 Teelöffel	9½–12 Minuten*	20 Minuten

* Die erste Einstellung verkürzt sich bei heißem Wasser etwas.

Tomaten mit Curryreis und Oliven

3 Portionen; pro Portion ca. 1590 kJ (380 kcal)

Zutaten

1 Zwiebel
2 Eßlöffel Öl
1 Teelöffel Curry
¼ l gut gewürzte Brühe
125 g Langkornreis
6 große Tomaten
Salz, 6 schwarze Oliven

Gefäß

kleinere Terrine mit Deckel aus Glas, Porzellan oder Keramik und eine größere Platte

Abdeckung

Reis geschlossen garen, Tomaten offen erhitzen

Einstellung und Zeit

Gesamtgarzeit: 31–34 Minuten
Zwiebel: 4–5 Minuten Garstellung
Reis: 4–5 Minuten Garstellung und
20 Minuten Fortkochstufe
Tomaten: 3–4 Minuten Garstellung

Zubereitung

Zwiebel fein hacken und mit dem Öl dünsten. Curry, Brühe und Reis zugeben, umrühren und garen. Mit einer Gabel auflockern. Inzwischen Tomaten waschen, Deckel abschneiden, mit scharfem Löffel das Fleisch aushöhlen, innen etwas salzen.
Die Tomaten auf der Platte anrichten und mit dem Reis füllen, erhitzen. Mit je einer Olive garnieren und sofort servieren.

Risotto mit Erbsen und Champignons

2 Portionen; pro Portion ca. 1250 kJ (300 kcal)

Zutaten

1 Tasse Reis (Langkorn)
1½ Tassen heiße Hühnerbrühe
100 g gefrorene Erbsen
1 kleine Dose Champignons in Scheiben
1 Eßlöffel Butter
1 Teelöffel Petersilie

Gefäß

Kleine Terrine aus Porzellan, Glasschüssel, Porzellanschüssel mit Deckel

Abdeckung

geschlossen garen

Einstellung und Zeit

5–6 Minuten Garstellung
20 Minuten Fortkochautomatik
(Auftauautomatik)

Umrühren

nach dem Garen durchrühren

Zubereitung

Alles mischen und garen.

Gemüse und Gemüsesalate

Gemüse aus dem Mikrowellengerät – eine neue Art, Gemüse zu essen: Das Gemüse schmeckt frisch und knackig, es hat noch etwas festen Biß und wird außerdem nicht durch Wasser ausgelaugt. Die frische Farbe und der natürliche Geschmack bleiben erhalten.

Gemüse gibt es in vielfältigen Sorten und Zubereitungen. Das ist berücksichtigt und jede Sorte nach »frisch« unterteilt, »tiefgefroren« und »konserviert« aus Dosen und Gläsern.

Frischgemüse können Sie vorzüglich in Ihrem Mikrowellengerät garen. Am besten gart wasserhaltiges und faserarmes Gemüse, wie Spinat, Rosenkohl, Erbsen, Pilze, Kohlrabi. Manche sehr faserige Sorten jedoch wie Karotten, Bohnen, Kraut oder Spargel, müssen knapp bedeckt in Wasser gekocht werden. Die Garzeit verlängert sich dann entsprechend. (Nach dem Aufkochen können Sie auch mit der Fortkochstufe oder mit der Auftauleistung fertiggaren.)

Am schnellsten ist Gemüse gar, wenn es fein geschnitten wird, z. B. Blumenkohl in Röschen, Karotten in sehr dünne Scheiben. Gemüse wird immer in ein paar Eßlöffel Wasser gegart und ein- bis zweimal umgerührt.

Wichtig ist, Gemüse immer gut geschlossen zu garen, damit die Flüssigkeit nicht verdampft. Deshalb Gemüse auch nicht zu lange garen, es trocknet sonst aus.

Auch *tiefgefrorenes Gemüse* machen Sie in Zukunft einfach in Ihrem Mikrowellengerät tischfertig – tiefgefrorenes Gemüse ist immer erntefrisch und von bester Qualität, und es bleibt auch so – in Ihrem Mikrowellengerät schonend aufgetaut und gegart. Das Gemüse wird vor dem Tiefgefrieren meist blanchiert und während des Einfrierens lockert sich das Gewebe – eine wichtige Vorarbeit, die das Garen wesentlich erleichtert.

Konserviertes Gemüse ist vorgekocht und völlig problemlos und schnell heiß gemacht. Wenig Salz und Butter zugeben.

In den Tabellen finden Sie die Zubereitung von den beliebtesten und häufigsten Gemüsesorten.

- Sie können die Rezepte natürlich jederzeit auf die Personenzahl in Ihrer Familie abstimmen. Vermeiden Sie jedoch sehr große Mengen. Die Zeiten ändern sich dann entsprechend:
  doppelte Menge = fast doppelte Zeit
  halbe Menge = halbe Zeit

- Die angegebenen Zeiten sind Anhaltswerte und können sich je nach Zutaten, Alter und Sorte der Lebensmittel, Gefäßen oder Anfangstemperaturen geringfügig verlängern oder verkürzen.

- Die kürzeren Zeiten sind für Geräte mit 720 W Leistung, die längeren Zeiten für Geräte mit 600 W Leistung.

Frischgemüse

Frischgemüse auf Garstellung garen. Gemüse klein schneiden, mit etwas Wasser garen, ein- bis zweimal umrühren. Gefäß gut zudecken. Nach dem Garen wenige Minuten stehen lassen – das Gemüse gart nach!
Nach der angegebenen Zeit ist das Gemüse gut durchgegart. Wenn Sie das Gemüse etwas knackiger haben möchten, so nehmen Sie einfach 2 oder 3 Minuten weniger.

Tip

Ganze Früchte mit fester Schale (Tomaten, Auberginen, Paprikaschoten) vor dem Garen anstechen, damit die Schale nicht platzt.

Gemüse	Menge	Zubereitung	Zeit in Minuten	Nach dem Garen
Blumenkohl	300 g	in Röschen teilen, mit 6 Eßlöffeln Wasser garen, öfters umrühren	12–15	mit etwas Butter und Muskat verfeinern, salzen
Junger Kohlrabi	250 g	schälen, in kleinere Stücke schneiden, mit 3 Eßlöffeln Wasser garen	10–13	salzen, in etwas Butter schwenken, evtl. Petersilie
Karotten	250 g	sehr fein schneiden, mit ⅛ l Wasser garen	10–13	salzen, in etwas Butter schwenken, mit Petersilie bestreuen
Champignons	250 g	Pilze waschen, schneiden, mit 2 Eßlöffeln Wasser garen	5– 6	mit Zitrone, Salz, Petersilie würzen
Spinat	500 g	Spinat verlesen, waschen, gut zugedeckt garen	7– 9	mit gerösteten Zwiebeln und Speck verbessern, salzen
Tomaten	500 g	waschen, über Kreuz einschneiden	6– 8	salzen
Paprika	250 g	sehr feine Streifen schneiden, mit 4 Eßlöffeln Wasser garen	7– 9	salzen

Tiefgefrorenes Gemüse

Garen Sie das Gemüse direkt vom tiefgefrorenen Zustand aus und wählen Sie von Anfang an die Garstellung.
Gemüse immer gut geschlossen garen, z. B. in Terrinen mit Deckel oder gut abgedeckten Schüsseln. Gemüse erst zum Schluß salzen und würzen, eine oder mehrere Minuten stehen lassen und in etwas Butter oder Margarine schwenken.
Gemüse während des Garens ein- oder zweimal umrühren.

Tip
Sie können kleinere Mengen Gemüse auch gut in einem Einweckglas garen. Gemüse ins Glas geben und mit 2–3 cm Wasser auffüllen. Wenn das Wasser richtig sprudelt, auf Fortkochen bzw. Auftauen umschalten.

Gemüse	Menge	Zutaten	Zeit in Min.	Zubereitung
Blumenkohl	100 g 300 g 500 g	3 Eßlöffel Wasser 5 Eßlöffel Wasser 7 Eßlöffel Wasser	4– 5 8–10 12–15	nach dem Garen salzen, in etwas Butter schwenken, evtl. mit Muskat würzen
Bohnen	300 g	⅛ l Wasser Bohnenkraut	9–12	nach dem Garen salzen und in etwas Butter schwenken
Erbsen	300 g 450 g	4 Eßlöffel Wasser 6 Eßlöffel Wasser	9–12 12–15	nach dem Garen salzen und in etwas Butter schwenken
Kohlrabi	100 g 300 g	3 Eßlöffel Wasser 5 Eßlöffel Wasser	8–10 13–19	salzen, in Butter schwenken, mit Petersilie, Sahne, Muskat verbessern
Mischgemüse	300 g 450 g	5 Eßlöffel Wasser 6 Eßlöffel Wasser	10–13 13–16	2 Teelöffel Butter, ½ Teelöffel Salz zugeben
Karotten	300 g 500 g	5 Eßlöffel Wasser 6 Eßlöffel Wasser	11–14 13–16	Salz, etwas Butter, mit Petersilie verbessern
Pilze (Champignons)	100 g 300 g	1 Eßlöffel Wasser 3 Eßlöffel Wasser	1– 2 4– 5	mit etwas Zitrone, Butter, Salz garen, mit Petersilie anrichten
Rosenkohl	300 g 500 g	3 Eßlöffel Wasser 5 Eßlöffel Wasser	6– 7 8–10	mit Salz, wenig Butter abschmecken, mit Muskat und 1 Eßlöffel Sahne verbessern
Spargel	300 g	in flachem Gefäß knapp mit Wasser bedeckt garen	12–15	nach dem Ankochen auf Garstellung 15 Minuten fortkochen lassen (Fortkoch-Auftaustellung)
Spinat	150 g 300 g 450 g 600 g	Salz, etwas Butter	5– 6 8–10 12–15 14–18	2–3mal umrühren, evtl. mit etwas Sahne verbessern, geröstete Zwiebeln zugeben

Gemüse aus Dosen und Gläsern

Die Flüssigkeit aus der Dose abgießen. Gemüse würzen und im geschlossenen Serviergeschirr erhitzen. Nach halber Erhitzungszeit und vor dem Servieren umrühren.

Gemüse	Menge (Gemüseeinwaage)	Zeit in Minuten	Gewürze
Blaukraut, Rotkohl vorgekocht	450 g + 1 Tasse Wasser	12–15 nach je 5 Minuten durchheben	Prise Zucker, geriebener Apfel, Salz, 1 Nelke
Karotten	550 g	5–7	Butter, Salz, Petersilie
Bohnen	390 g	4–5	Salz, Butter, Bohnenkraut, Petersilie, geröstete Zwiebel
Erbsen	450 g	4–5	Butter, Petersilie, Prise Zucker, Salz
Champignons	200 g	2–2½	Zitrone, Salz, Butter, Weißwein, Petersilie
Spargel	500 g	5–6	Salz, Butter
Mischgemüse	560 g	5–6	Salz, Butter, Petersilie

Frische Champignons Foto Seite 103

3 Portionen; pro Portion ca. 250 kJ (60 kcal)

Zutaten
500 g frische Champignons
1 Eßlöffel Zitronensaft
1 Teelöffel Salz
1 Sträußchen gehackte Petersilie
1 Eßlöffel Butter

Gefäß
Porzellan oder Glasgeschirr mit Deckel

Abdeckung
geschlossen garen

Einstellung und Zeit
6–7 Minuten Garstellung

Zubereitung
Die gesäuberten Champignons mit Zitronensaft beträufeln, mit Salz, Butter und Petersilie in das Kochgeschirr geben. Garen.

Frische Champignons ▷

Frischer Spargel mit Butter

2 Portionen; pro Portion ca. 735 kJ (175 kcal)

Zutaten
500 g frischer Spargel
gut ⅛ l Wasser (1 Tasse)
½ Teelöffel Salz
1 kleine Prise Zucker
30–40 g Butter

Gefäß
längliches Gefäß aus Glas, Porzellan oder Kunststoff mit Deckel

Abdeckung
geschlossen garen

Einstellung und Zeit
12–15 Minuten Garstellung

Umrühren
nach 10 Minuten wenden

Zubereitung
Spargel vom Kopf aus dünn schälen, holzige Enden abschneiden, rasch waschen. Mit Wasser, Salz, wenig Zucker in das Gefäß geben, Deckel auflegen und 12–15 Minuten garen, dabei nach 10 Minuten einmal wenden. Spargel aus dem Gefäß nehmen, abtropfen lassen, mit flüssiger Butter übergießen, etwas Butter separat dazu reichen.
Beilagen: Frische Salzkartoffeln, roher oder gekochter Schinken.

Fenchel, gedünstet

1 Portion; ca. 1005 kJ (240 kcal)

Zutaten
2 mittelgroße Fenchelknollen
1 Eßlöffel Butter
½ Teelöffel Salz
3 Eßlöffel geriebener Käse
4 Eßlöffel Wasser

Gefäß
flaches Gefäß aus Glas, Porzellan mit Deckel

Abdeckung
geschlossen garen

Einstellung und Zeit
6½–8 Minuten Garstellung

Zubereitung
Von den Fenchelknollen das zarte, grüne Blattkraut abschneiden. Die Knollen säubern und in ca. ½ cm dicke Scheiben teilen, in das Gefäß legen. Salz, Butter und Käse darübergeben. Das Blattkraut fein hacken und darüberstreuen. Mit 4 Eßlöffeln Wasser 6½–8 Minuten garen.

Zwiebelgemüse mit Curry

5 Portionen; pro Portion ca. 650 kJ (155 kcal)

Zutaten
500 g Gemüsezwiebeln
400 g Äpfel
3 Eßlöffel Öl
1 Teelöffel Curry
2 Teelöffel Salz
2 Eßlöffel Sahne

Gefäß
größere Schüssel oder Terrine aus Glas, Keramik oder Porzellan mit Deckel

Abdeckung
geschlossen garen

Einstellung und Zeit
13–15 Minuten Garstellung

Zubereitung
Zwiebel schälen und in Scheiben schneiden. Äpfel schälen, vierteln, Kernhaus entfernen und in Streifen schneiden. Alle Zutaten mischen und in dem Gefäß geschlossen garen. Sahne unterrühren.
Pikante Beilage zu gegrilltem Fleisch.

Chicorée naturell

1 Portion; ca. 500 kJ (120 kcal)

Zutaten
2 Stangen Chicorée
1 Eßlöffel Butter
½ Teelöffel Salz
etwas Pfeffer
4 Eßlöffel Wasser
2 Scheiben gekochter Schinken in Würfeln

Gefäß
flaches Gefäß aus Glas, Porzellan

Abdeckung
geschlossen garen

Einstellung und Zeit
6½–8 Minuten Garstellung

Zubereitung
Chicorée säubern, der Länge nach teilen, dicke Keile entfernen. In das Kochgefäß legen, Butter, Salz und Wasser dazugeben. Den Schinken darübergeben. 6½–8 Minuten garen. Vor dem Servieren mit Pfeffer bestreuen.

Auberginen mit Käse
Foto Seite 107

2 Portionen; pro Portion ca. 1050 kJ (250 kcal)

Zutaten
4 Eßlöffel Wasser
300 g Auberginen (1 mittelgroße Frucht)
3 Eßlöffel Tomatenmark
1 Knoblauchzehe
125 g scharfer Käse (gerieben)

Gefäß
flache Auflaufform

Abdeckung
geschlossen garen

Einstellung und Zeit
6½–8 Minuten Garstellung

Zubereitung
Das Wasser in das Gefäß geben. Die gewaschenen Auberginen ungeschält der Länge nach in Scheiben schneiden. Die Knoblauchzehe zerquetschen, mit Tomatenmark mischen, auf die einzelnen Auberginenscheiben streichen und diese im Käse wälzen. Die Scheiben in dem Gefäß schräg aneinanderfügen und mit dem restlichen Käse bestreuen. 6½–8 Minuten garen.

Brokkoli mit Käsesoße

2 Portionen; pro Portion ca. 1340 kJ (320 kcal)

Zutaten
1 Packung Brokkoli (tiefgefroren, 300 g)
3 Eßlöffel Wasser

Soße
1 Eßlöffel Butter
1 Eßlöffel gehackte Zwiebel
½ Tasse Milch
½ Tasse Sahne
3 gehäufte Eßlöffel geriebener Käse
Prise Pfeffer
½ Teelöffel Salz
1 gestrichener Teelöffel Speisestärke

Gefäß
Suppenteller oder -tasse für Soße, kleinere, längliche Terrine aus Glas, Porzellan, Keramik mit Deckel

Abdeckung
geschlossen garen

Einstellung und Zeit
Gesamtgarzeit: 13–16 Minuten
Zwiebel: 2½–3 Minuten Garstellung
Brokkoli: 8–10 Minuten Garstellung
Soße: 2½–3 Minuten Garstellung

Zubereitung
Butter und Zwiebel in der Suppentasse 2½–3 Minuten garen. Beiseite stellen. Tiefgefrorene Brokkoli mit Wasser 8–10 Minuten in der Terrine garen. Inzwischen Butter, Zwiebel, Milch, Sahne, Käse, Pfeffer, Salz und Stärke mischen. Soße 2½–3 Minuten garen und über den Brokkoli gießen.

Auberginen mit Käse ▷

Frische Pfifferlinge in Butter und Petersilie

2 Portionen; pro Portion ca. 600 kJ (150 kcal)

Zutaten

250 g frische Pfifferlinge (Eierschwämme, Rehlinge)
Salz
weißer, gemahlener Pfeffer
2 Eßlöffel Butter
2 Eßlöffel frische
gehackte Petersilie
½ Teelöffel kalt angerührte Speisestärke

Gefäß

kleinere Terrine mit Deckel aus Porzellan, Glas oder Keramik

Abdeckung

geschlossen garen

Einstellung und Zeit

4–5 Minuten Garstellung

Zubereitung

Die Pilze gut putzen und waschen. Große Pilze halbieren. Salzen, mit wenig Pfeffer würzen und mit der Butter dünsten. Mit wenig Stärke etwas binden und mit der frischgehackten Petersilie mischen.
Feine Beilage zu gebratenen oder gegrillten Wildgerichten.

Lecso (ungarisches Gemüse)

2 Portionen; pro Portion ca. 483 kJ (115 kcal)

Zutaten

1 grüne, 1 rote, 1 gelbe größere Paprikaschote
1 große Zwiebel
2 Tomaten
100 g Salatgurke
1 kleine, milde Peperoni
2 Teelöffel Schweineschmalz
1 Eßlöffel saure Sahne
1 Eßlöffel Wasser
1 Teelöffel Salz

Gefäß

Schüssel aus Glas, Porzellan oder Keramik mit Deckel

Abdeckung

geschlossen garen

Einstellung und Zeit

15–18 Minuten Garstellung

Umrühren

Gemüse ein-/zweimal umrühren

Zubereitung

Paprika und Peperoni entkernen. Alle Gemüse in Würfel schneiden und mit den übrigen Zutaten vermischen. Abgedeckt garen. Lecso paßt gut zu gegrilltem oder gebratenem Fleisch.

Ratatouille

6 Portionen; pro Portion ca. 560 kJ (130 kcal)

Zutaten
1 mittelgroße Aubergine, geschnitten
2 Zucchini in dünnen Scheiben
Zitronensaft
5 Eßlöffel Öl
2 Zwiebeln in dünnen Scheiben
1 Knoblauchzehe
2 Paprikaschoten in feinen Streifen
500 g Tomaten, geviertelt
1 Teelöffel Majoran
1 Teelöffel Basilikum
Salz, Pfeffer
1 kleine Dose Champignons in Scheiben

Gefäß
große Schüssel oder Terrine aus Glas,
Porzellan, Keramik

Abdeckung
Zwiebeln offen anbraten
Gemüse geschlossen garen

Einstellung und Zeit
Gesamtgarzeit: 18½–23 Minuten
Zwiebeln und Öl: 4–5 Minuten Garstellung
Auberginen, Zucchini, Paprika:
6½–8 Minuten Garstellung
Tomaten, Champignons, Gewürze:
8–10 Minuten Garstellung

Umrühren
2–3mal

Zubereitung
Zucchini und Auberginen mit Zitrone beträufeln. Öl, Zwiebeln und Knoblauch 4–5 Minuten anbraten. Auberginen, Zucchini und Paprika dazugeben und 6½–8 Minuten dünsten. Die restlichen Zutaten dazugeben und gut umrühren, 8–10 Minuten garen.

Zucchinigemüse

2 Portionen; pro Portion ca. 1050 kJ (250 kcal)

Zutaten
500 g Zucchini
Pfeffer, Salz
etwas fein zerriebener Knoblauch
etwas feingehackte Zwiebel
Oregano
5 Eßlöffel Öl

Gefäß
Terrine aus Glas, Porzellan oder Keramik mit
Deckel

Abdeckung
geschlossen garen

Einstellung und Zeit
10–12 Minuten Garstellung

Zubereitung
Zucchini waschen und in fingerdicke Scheiben schneiden. Gut würzen und mit dem Öl übergießen. Geschlossen garen.
Paßt gut zu gegrilltem Fleisch.

Blattspinat mit Zwiebel und Käse

Foto Seite 111

2 Portionen; pro Portion ca. 1365 kJ (325 kcal)

Zutaten

1 mittlere, feingewürfelte Zwiebel
20 g Butter
750 g Blattspinat
Salz
Pfeffer
Muskat
3 Scheiben Schmelzkäse
20 g Butter

Gefäß

flache Schale aus Porzellan

Abdeckung

offen garen

Einstellung und Zeit

Gesamtgarzeit: 12½–15 Minuten
Zwiebel: 4–5 Minuten Garstellung
Spinat: 7½–9 Minuten Garstellung
Überbacken: 1 Minute Garstellung

Zubereitung

In der Porzellanschale die Zwiebel in der Butter 4–5 Minuten anbräunen. Inzwischen Spinat verlesen, Stiele entfernen, gut waschen und abtropfen lassen. Zwiebel aus der Form herausnehmen. Spinat 7½–9 Minuten garen (evtl. in 2 Gängen). Zuviel Gemüsesaft abgießen. Spinat würzen und Butter in Flocken darüber verteilen. Schmelzkäse schräg durchschneiden und ebenfalls darauflegen. Die gebräunte Zwiebel in die Mitte geben. Eine weitere Minute garen, bis der Käse geschmolzen ist.

Lauchgemüse

2 Portionen; pro Portion ca. 460 kJ (110 kcal)

Zutaten

4 Stangen Lauch
4 Eßlöffel Wasser
3 Eßlöffel saure Sahne
½ Teelöffel Salz
3 Eßlöffel geriebener Emmentaler
nach Belieben 2–3 Eßlöffel süße Sahne
weißer Pfeffer

Gefäß

flache Schüssel oder Auflaufform aus Glas, Porzellan oder Keramik mit Deckel

Abdeckung

geschlossen garen

Einstellung und Zeit

Gesamtgarzeit: 9–12 Minuten
Lauch: 8–10 Minuten Garstellung
mit Sahne: 1–2 Minuten Garstellung

Zubereitung

Lauch putzen, die grünen Blätter abschneiden, dicke Stangen der Länge nach halbieren und sorgfältig waschen. Die Stangen in das Gefäß nebeneinander einschichten und mit Wasser garen. Sahne, Salz und Käse vermischen, über den Lauch gießen und nochmals kurz garen.

Blattspinat mit Zwiebel und Käse

Selleriesalat

2 Portionen; pro Portion ca. 545 kJ (130 kcal)

Zutaten

1 Sellerieknolle (ca. 300 g)
⅛ l Wasser
3 Eßlöffel Essig
1 Teelöffel Salz
Prise Zucker
1 Eßlöffel Öl
2 Eßlöffel Sahne
1 mittelgroßer Apfel

Gefäß
Schüssel aus Glas, Porzellan oder Keramik

Abdeckung
geschlossen garen

Einstellung und Zeit
9–11 Minuten Garstellung

Zubereitung
Sellerie schälen und in Würfel (ca. 1×1 cm) schneiden. Mit dem Wasser geschlossen 9–11 Minuten garen. Mit Essig, Salz, Zucker, Öl und Sahne gut vermischen. Apfel schälen und fein reiben, gleich untermengen, damit der Apfel hell bleibt. Abkühlen und durchziehen lassen.

Gelbe-Rüben-Salat

2 Portionen; pro Portion ca. 590 kJ (140 kcal)

Zutaten

250 g geschälte gelbe Rüben oder Karotten
1 Tasse Wasser (150 ml)
½ Zwiebel
4 Eßlöffel Essig
1 Teelöffel Salz
1 Eßlöffel Petersilie
2 Eßlöffel Öl

Gefäß
Schüssel aus Glas, Keramik oder Porzellan

Abdeckung
geschlossen garen

Einstellung und Zeit
12–15 Minuten Garstellung

Zubereitung
Gelbe Rüben in Scheiben schneiden, Zwiebel in kleine Würfel schneiden. Mit dem Wasser geschlossen 12–15 Minuten garen. Mit Essig, Salz, Öl gut vermischen und mit gehackter Petersilie bestreuen. Abkühlen und durchziehen lassen.

Weißkrautsalat

4 Portionen; pro Portion ca. 525 kJ (125 kcal)

Zutaten
50 g durchwachsener Speck
500 g Weißkraut
¼ l Wasser
6 Eßlöffel Essig
2 Teelöffel Salz
Prise Zucker
½ Teelöffel Kümmel
frisch gemahlener Pfeffer
1 Eßlöffel Öl

Gefäß
größere Schüssel aus Glas, Keramik oder
Porzellan

Abdeckung
geschlossen garen

Einstellung und Zeit
15–18 Minuten Garstellung

Zubereitung
Kleingewürfelten Speck 2–3 Minuten garen.
Das Weißkraut feinstreifig schneiden. Mit dem
Wasser 13–15 Minuten garen. Alle anderen
Zutaten zu dem heißen Kraut geben und gut
vermischen. Abkühlen und durchziehen
lassen.

Paprikasalat

2 Portionen; pro Portion ca. 715 kJ (170 kcal)

Zutaten
500 g Paprikaschoten
⅛ l Wasser
1 Teelöffel Salz
1 Zwiebel
5 Eßlöffel Essig
Prise Zucker
2 Eßlöffel Öl

Gefäß
Terrine aus Glas, Porzellan oder Keramik

Abdeckung
geschlossen garen

Einstellung und Zeit
12–15 Minuten Garstellung

Zubereitung
Paprikaschoten von Stiel, Zwischenrippen und
Kernen befreien, waschen und in feine Streifen
schneiden. Mit Wasser und Salz 12–15 Minuten geschlossen garen. Zwiebel feinhacken, mit
Essig, Zucker, Öl zum gegarten Paprika geben,
gut durchmischen und durchziehen lassen.

Pilzsalat

4 Portionen; pro Portion ca. 1260 kJ (300 kcal)

Zutaten
500 g gemischte junge Pilze
1 Zwiebel
2 Eßlöffel Öl
Salz
Zitronensaft
125 g gut abgeschmeckte Mayonnaise
frisch gehackte Petersilie

Gefäß
Schüssel aus Glas, Porzellan oder Keramik mit Deckel

Abdeckung
geschlossen garen

Einstellung und Zeit
Gesamtgarzeit: 10–13 Minuten
Zwiebel: 4–5 Minuten Garstellung
Pilze: 6–8 Minuten Garstellung

Zubereitung
Die Zwiebel fein würfeln und mit dem Öl 4–5 Minuten garen. Die geputzten, gewaschenen und in feine Scheiben geschnittenen Pilze zugeben, salzen und mit etwas Zitronensaft beträufeln. 6–8 Minuten garen. Nach dem Erkalten die Hälfte von dem Saft mit der gut abgeschmeckten Mayonnaise mischen und die Pilze darunterheben. Etwas durchziehen lassen und mit frisch gehackter Petersilie bestreuen.

Warmer Kartoffelsalat mit Speck

3 Portionen; pro Portion ca. 1645 kJ (440 kcal)

Zutaten
500 g Salatkartoffeln
1 Tasse Wasser
100 g feingewürfelter Speck
½ feingehackte Zwiebel
3 Eßlöffel Weißwein oder Fruchtessig
2 Eßlöffel Wasser
Salz
frisch gemahlener schwarzer Pfeffer
1 Eßlöffel gehackte Petersilie

Gefäß
Schüssel oder Terrine aus Glas, Porzellan oder Keramik mit Deckel

Abdeckung
Kartoffeln geschlossen garen
Speck und Zwiebel offen auslassen

Einstellung und Zeit
Gesamtgarzeit: 15–19 Minuten
Kartoffeln: 10–12 Minuten Garstellung
Speck: 3–4 Minuten Garstellung
Zwiebel: 1–2 Minuten Garstellung
Soße: 1 Minute Garstellung

Zubereitung
Kartoffeln waschen, ungeschält mit Wasser geschlossen garen. Inzwischen Speck fein würfeln, Zwiebel hacken. Die gegarten Kartoffeln beiseite stellen. Speck auslassen, die gebräunten Speckwürfel auf Küchenpapier abtropfen lassen. In dem ausgebratenen Fett die Zwiebel dünsten. Essig, Wasser, Salz, Pfeffer dazugeben und 1 Minute erhitzen. Kartoffeln schälen und in ½ cm dicke Scheiben schneiden. Soße und Speck dazugeben, durchheben, mit Petersilie bestreuen und sofort warm servieren.

Obst

Frische Früchte sind im Mikrowellengerät schnell gedünstet. Zum Beispiel ist ein Kompott für ein oder zwei Personen in einer Glas- oder Porzellanschüssel gleich zum Servieren zubereitet.

Eine Wasserzugabe beim Dünsten ist nicht nötig, da Obst selbst reichlich Wasser enthält – im Mikrowellengerät gart es somit nur im eigenen Saft! Das Aroma kommmt deshalb viel stärker zur Geltung.

Rühren ist nicht notwendig – und so behält das Obst seine Form und zerfällt nicht. Vermeiden Sie in jedem Fall ein zu langes Garen – die Vitamine bleiben dann besser erhalten.

Darf jemand in Ihrer Familie aus Diätgründen kein rohes Obst essen? Mit Mikrowelle haben Sie jedes Obst in kurzer Zeit servierbereit gedünstet.

- Sie können die Rezepte natürlich jederzeit auf die Personenzahl in Ihrer Familie abstimmen. Vermeiden Sie jedoch sehr große Mengen. Die Zeiten ändern sich dann entsprechend:
  doppelte Menge = fast doppelte Zeit
  halbe Menge = halbe Zeit

- Die angegebenen Zeiten sind Anhaltswerte und können sich je nach Zutaten, Alter und Sorte der Lebensmittel, Gefäßen oder Anfangstemperaturen geringfügig verlängern oder verkürzen.

- Die kürzeren Zeiten sind für Geräte mit 720 W Leistung, die längeren Zeiten für Geräte mit 600 W Leistung.

Bratapfel

1 Portion; ca. 630–1050 kJ (150–250 kcal)

Zutaten
1 Apfel
2 Stück Würfelzucker
1 Teelöffel säuerliche Marmelade
1 Teelöffel Butter

Gefäß
Dessertteller

Abdeckung
offen garen

Einstellung und Zeit
je nach Größe 2–4 Minuten Garstellung

Zubereitung
Den Apfel waschen und das Kernhaus mit einem Apfelausstecher entfernen. Auf dem Dessertteller garen. Die Öffnung mit einem Stück Würfelzucker, Marmelade, dem zweiten Stück Würfelzucker und der Butter füllen. Den Apfel wieder in das Gerät stellen und so lange weitergaren, bis die Füllung anfängt, oben herauszukochen (beobachten!).

Tip
Der Apfel kann auch vor dem Garen geschält werden. Statt mit Marmelade füllen Sie den Apfel doch einmal mit Rosinen, Nüssen oder Schokolade. Oder verfeinern Sie das Obst mit einem Schuß Alkohol (Cognac, Likör, Obstwasser). Feinschmecker lieben den Bratapfel sicherlich auch mit Rumtopffrüchten.

Apfelkompott

1–2 Portionen; pro Portion ca. 840 kJ (200 kcal)

Zutaten
250 g Äpfel, geschält, geachtelt
5 Eßlöffel Wasser
1–2 Eßlöffel Zucker
Zitronensaft
nach Belieben Zimt und Vanille

Gefäß
Schüssel aus Glas, Porzellan

Abdeckung
geschlossen garen

Einstellung und Zeit
5–7 Minuten Garstellung

Zubereitung
Äpfel, Wasser, Zucker, Zitronensaft, Gewürze zusammen in das Gefäß geben. Garen.

Rhabarberkompott

1–2 Portionen; ca. 420 kJ (100 kcal)

Zutaten

250 g Rhabarber, geschält, in Stücken von
etwa 3 cm
1–2 Eßlöffel Zucker

Gefäß

Schüssel aus Glas, Porzellan

Abdeckung

geschlossen garen

Einstellung und Zeit

4–5 Minuten Garstellung

Zubereitung

Rhabarber zuckern, garen. Eventuell nachzuckern.

Backobstkompott

3 Portionen; pro Portion ca. 1590 kJ (380 kcal)

Zutaten

250 g gemischtes Trockenobst
100 g Zucker
1 Stange Zimt
Schale von ½ Zitrone
1 Eßlöffel Zitronensaft
Wasser
2 Eßlöffel Weinbrand

Gefäß

Schale oder Schüssel aus Glas, Porzellan oder
Keramik mit Deckel

Abdeckung

geschlossen garen

Einstellung und Zeit

Gesamtgarzeit: 15–17 Minuten
Wasser mit Zucker: 6–7 Minuten Garstellung
Obst: 9–10 Minuten Garstellung

Umrühren

Sud einmal umrühren

Zubereitung

Trockenobst sorgfältig waschen und über
Nacht mit Wasser bedeckt einweichen. Das
Einweichwasser auf ⅜ l auffüllen, mit Zucker,
Zimt, Zitronenschale, Zitronensaft 6–7 Minuten garen, dabei einmal umrühren. Obst dazugeben und 9–10 Minuten garen. Mit Weinbrand verfeinern. Warm oder gut gekühlt servieren.

Süßspeisen und Desserts

Erfinden Sie leckere Nachspeisen! In Ihrem Mikrowellengerät sind diese in wenigen Minuten gegart. Ein Auflauf dauert statt 1 Stunde im Backofen mit Mikrowelle nur 15 Minuten! Während ein Auflauf oder Kuchen gart, Tür nicht öffnen und Mikrowellengerät nicht abschalten, sonst fällt der Auflauf- oder der Kuchen eventuell zusammen. Das Gefäß bzw. die Auflauf- oder Kuchenform muß groß genug sein, da die Mikrowellen Aufläufe und Kuchen sehr hoch treiben. (Nach dem Garen fallen sie jedoch wieder etwas zusammen).

Manche Süßspeisen enthalten Stärkeprodukte, die ausquellen müssen. Diese Speisen werden aufgekocht und dann mit niedriger Leistung (Fortkochautomatik oder Auftauleistung) fertiggegart. Ausquellen müssen z. B. Grieß, Reis, Sago oder Grütze.

Alle Desserts, die sonst gedünstet werden, sind ideal im Mikrowellengerät zuzubereiten, so z. B. die schon fast vergessenen Kochpuddinge, die bis jetzt über 1 Stunde im Wasserbad kochen mußten. Ihr Mikrowellengerät schafft das in 9 Minuten! (Und ohne das umständliche Wasserbad!)

Kuchen werden gut durchgebacken, aber ohne Kruste. Mit einer schönen Schokoladen- oder Zuckerglasur fällt das aber nicht auf.

Zaubern Sie Dessert aus Kuchenteig: In kleinen Förmchen, Tassen oder Dessertschälchen 1 bis 2 Eßlöffel Teig garen (nur ½–2 Minuten) und mit Rum, Eierlikör oder Fruchtsäften tränken oder auch mit Zuckerglasur verzieren.

- Sie können die Rezepte natürlich jederzeit auf die Personenzahl in Ihrer Familie abstimmen. Vermeiden Sie jedoch sehr große Mengen. Die Zeiten ändern sich dann entsprechend:
  doppelte Menge = fast doppelte Zeit
  halbe Menge = halbe Zeit

- Die angegebenen Zeiten sind Anhaltswerte und können sich je nach Zutaten, Alter und Sorte der Lebensmittel, Gefäßen oder Anfangstemperaturen geringfügig verlängern oder verkürzen.

- Die kürzeren Zeiten sind für Geräte mit 720 W Leistung, die längeren Zeiten für Geräte mit 600 W Leistung.

Schokoladenpfirsich ▷

Schokoladenpfirsich Foto Seite 119

2 Portionen; pro Portion ca. 210 kJ (50 kcal)

Zutaten
1 Pfirsich (nicht zu reif)
2 Stückchen Schokolade (Zartbitter, Vollmilch) oder Nougat

Gefäß
2 Kompottschalen o. ä.

Abdeckung
offen garen

Einstellung und Zeit
1 Minute Garstellung

Zubereitung
Pfirsich waschen, halbieren, Stein entfernen. Je eine Hälfte mit der Schnittseite nach oben in die Schalen legen. In die Mitte je einen Schokoladewürfel geben. Jede Hälfte 1 Minute garen.

Beschwipste Williamsbirnen mit Schokoladensoße

2 Portionen; pro Portion ca. 1550 kJ (370 kcal)

Zutaten
2 mittelgroße Williamsbirnen
1 Teelöffel Zitronensaft
1 Prise Ingwerpulver
1 Eßlöffel Birnengeist
100 g Schokoladenkuvertüre

Gefäß
Dessertteller für die Birnen
kleines Porzellankännchen für die Soße

Abdeckung
offen garen

Einstellung und Zeit
Gesamtgarzeit: 4–6 Minuten
Birnen: 3–5 Minuten Garstellung
Kuvertüre: ¾–1 Minute Garstellung

Zubereitung
Die Birnen ganz schälen und mit einem Apfelausstecher das Kernhaus herausstechen. Mit Zitronensaft beträufeln und mit wenig Ingwerpulver bestreuen. Auf je einen Dessertteller stellen und zusammen 3–5 Minuten dünsten. Mit Birnengeist tränken. Schokoladenkuvertüre in ¾–1 Minute erhitzen und die Birnen damit füllen.

Vanille-Eis mit heißen Sauerkirschen

3 Portionen; pro Portion ca. 1270 kJ (300 kcal)

Zutaten

3 Portionen Vanille-Eis
1 kleines Glas Sauerkirschen (200 g)
2 Eßlöffel Johannisbeergelee oder
anderes saures Gelee

Gefäß
Schüssel

Abdeckung
offen garen

Einstellung und Zeit
2–3 Minuten Garstellung

Umrühren
einmal

Zubereitung
Das Gelee und 1 Eßlöffel Kirschsaft aus dem Glas ½–1 Minute erhitzen. Die Kirschen ohne Saft dazugeben, 1½–2 Minuten erhitzen. Umrühren. Die heißen Kirschen auf die Portionen Vanille-Eis verteilen und sofort servieren.

Bananen mit Schokoladensoße

2 Portionen; pro Portion ca. 1050 kJ (250 kcal)

Zutaten

2 größere Bananen

Soße
25 g bittere Schokolade (¼ Tafel)
5 Eßlöffel Kondensmilch
1 Eßlöffel Zucker

Gefäß
2 Dessertteller, Tassen

Abdeckung
offen garen

Einstellung und Zeit
Gesamtgarzeit: 4–5½ Minuten
Bananen: 2½–3 Minuten Garstellung
Soße: 1½–2½ Minuten Garstellung

Umrühren
Soße mehrere Male

Zubereitung
Soße: Die Schokolade würfeln und in eine Tasse geben. 1–1½ Minuten garen. Zucker und Kondensmilch in einer Tasse mischen, neben die Tasse mit der Schokolade stellen und ½–¾ Minute erhitzen. Milch beobachten: Wenn sie zu kochen anfängt, Gerät ausschalten. Milch langsam in die Schokolade einrühren. Wenn sich die Schokolade nicht ganz löst, die Soße nochmals 15 Sekunden erhitzen und dann gut durchrühren. Soße beiseite stellen.
Bananen schälen, einmal längs und einmal quer durchschneiden und die Stücke nebeneinander auf die Teller legen, in das Gerät stellen, dünsten. Die Soße über die Bananen verteilen. Heiß servieren.

Grießbrei mit Zimt und Zucker

2 Portionen; pro Portion ca. 1255 kJ (300 kcal)

Zutaten
½ l Milch
65 g Grieß
1–2 Eßlöffel Zucker
Zimt
Butter
Johannisbeergelee oder Nüsse

Gefäß
größere Terrine oder Schüssel aus Glas, Porzellan oder Keramik

Abdeckung
geschlossen garen

Einstellung und Zeit
Gesamtgarzeit: 14–15 Minuten
Milch: 5–6 Minuten Garstellung
Brei: 1 Minute Garstellung und
8 Minuten Fortkochautomatik
(Auftaustufe)

Umrühren
während des Fortkochens ein- bis zweimal umrühren.

Zubereitung
Die Milch im Gefäß in 5–6 Minuten zum Kochen bringen. Grieß und Zucker mischen und langsam unter Rühren in die kochende Milch hineinstreuen. 1 Minute auf Garstellung und 8 Minuten auf Fortkochautomatik garen. Dabei ein- bis zweimal umrühren. Nach Belieben mit etwas Butter verbessern; evtl. in Portionsgefäße umfüllen. Mit Zucker und Zimt bestreuen, nach Belieben mit Johannisbeergelee oder Nüssen garnieren.

Haselnußpudding

4 Portionen; pro Portion ca. 2400 kJ (575 kcal)

Zutaten
3 Eier, getrennt
3 Eßlöffel Wasser
150 g Zucker
1 Päckchen Vanillezucker
50 g Mehl
50 g Speisestärke
1 Teelöffel Backpulver
150 g geriebene Haselnüsse

Gefäß
Kranzform aus Kunststoff, Glas, Keramik (evtl. auch Auflaufform)

Abdeckung
geschlossen garen

Einstellung und Zeit
5½–7 Minuten Garstellung

Zubereitung
Eiweiß mit kaltem Wasser steif schlagen. Zucker und Vanillezucker einrieseln lassen, kurz darunterschlagen und das Eigelb unterziehen. Mehl, Speisestärke und Backpulver mischen, darübersieben, geriebene Haselnüsse darüberstreuen und leicht unterheben. Den Teig in eine gefettete Form geben. Garen. Mit Weinschaumsoße servieren.

Schokoladenflammeri

Foto

4 Portionen; pro Portion ca. 965 kJ (230 kcal)

Zutaten
½ l Milch
40 g Speisestärke, 40 g Zucker
50 g bittere Schokolade
1 Päckchen Vanillezucker
1 Prise Salz

Gefäß
Schüssel aus Glas, Porzellan oder Keramik,
Puddingform zum Stürzen

Abdeckung
offen garen

Einstellung und Zeit
4–6 Minuten Garstellung

Umrühren
mehrmals umrühren

Zubereitung
Stärke, Zucker, Vanillezucker und Salz vermischen. Mit wenig kalter Milch anrühren, restliche Milch zugeben. Schokolade in Stücke brechen und ebenfalls zugeben. 4–6 Minuten garen, vor allem gegen Ende der Garzeit mehrmals umrühren.

Schokoladen-Mandel-Pudding

4 Portionen; pro Portion ca. 2890 kJ (690 kcal)

Zutaten

70 g Butter
100 g Zucker
5 Eier, getrennt
100 g geriebene Mandeln
50 g Semmelbrösel
100 g geriebene Schokolade
1 Eßlöffel Kakao

Gefäß

Kranzform aus Kunststoff, Glas, Keramik (evtl. auch Auflaufform)

Abdeckung

geschlossen garen

Einstellung und Zeit

5½–7 Minuten Garstellung

Zubereitung

Butter, Zucker, Eigelb schaumig rühren, dann Mandeln, Semmelbrösel, Kakao und Schokolade dazugeben. Das Eiweiß zu festem Schnee schlagen und unter die Masse heben. Den Teig in die gefettete Form füllen. Garen. Mit flüssiger oder geschlagener Sahne servieren.

Frankfurter Pudding

5 Portionen; pro Portion ca. 2520 kJ (600 kcal)

Zutaten

150 g Haferflocken
⅛ l Milch
Prise Salz
150 g gemahlene Haselnüsse
50 g Schokoladeraspel
70 g weiche Butter
120 g Zucker
5 Eier, getrennt
1 Messerspitze Backpulver
1 Eßlöffel Butter zum Fetten der Form

Gefäß

Kranz- oder Gugelhupfform aus Glas, Porzellan, Keramik oder hitzebeständigem Kunststoff

Abdeckung

offen garen

Einstellung und Zeit

7–9 Minuten Garstellung

Zubereitung

Eischnee mit Zucker sehr steif schlagen. Alle anderen Zutaten unterheben und in die gut gefettete Form füllen. Garen. Auf eine Platte stürzen und mit Vanillesoße, Furchtsoße oder Weinschaumsoße servieren.

Rote Grütze

4 Portionen; pro Portion ca. 480 kJ (115 kcal)

Zutaten

1 Paket tiefgefrorene Himbeeren
1 Paket tiefgefrorene Erdbeeren
(oder 500 g frische Früchte)
1 Päckchen Vanillezucker
1–2 Eßlöffel Zucker
35 g Speisestärke (2 leicht gehäufte Eßlöffel)
wenig Wasser
nach Belieben 1 kleiner Becher Schlagsahne

Gefäß

Schüssel aus Glas, Porzellan, Kunststoff, am besten Meßbecher

Abdeckung

offen auftauen, garen

Einstellung und Zeit

Gesamtgarzeit: 7–8½ Minuten
Auftauen: 2½–3 Minuten Garstellung
Garen: 4½–5½ Minuten Garstellung

Umrühren

während des Ausquellens drei- bis viermal umrühren

Zubereitung

Himbeeren und Erdbeeren in das Gefäß geben, auf Garstellung 2½–3 Minuten auftauen. Im Mixer oder mit Schnellmixstab pürieren. Den Brei mit Zucker, Vanillezucker und der in wenig Wasser angerührten Speisestärke mischen. 4½–5½ Minuten auf Garstellung ausquellen lassen, dabei einige Male umrühren. In Dessertschälchen füllen, auskühlen lassen, mit geschlagener Sahne servieren.

Quarkauflauf

4 Portionen; pro Portion ca. 1720 kJ (410 kcal)

Zutaten

500 g Magerquark
50 g Zucker, 3 Eier
1 Päckchen Vanillezucker
1 leicht gehäufter Eßlöffel Grieß
50 g Butter
300 g Obst aus der Dose
(Pfirsich, Aprikose, Ananas etc.)
1 Eßlöffel Semmelbrösel
1 Eßlöffel Zucker, 1 Eßlöffel Butter

Gefäß

Auflaufform aus Glas, Porzellan, Keramik

Abdeckung

geschlossen garen

Einstellung und Zeit

12–15 Minuten Garstellung

Zubereitung

Quark glattrühren, mit Zucker, den ganzen Eiern, Vanillezucker, Grieß und der flüssigen Butter sehr gut verrühren. Die Hälfte des Quarkes in das Gefäß geben, das gut abgetropfte Obst darüber verteilen und den restlichen Quark darübergeben und glattstreichen. Semmelbrösel, Zucker und Butter in Flöckchen darüber verteilen. 12–15 Minuten garen.

Sauerkirschauflauf

4 Portionen; pro Portion ca. 3250 kJ (775 kcal)

Zutaten

3 alte Brötchen
bis zu ½ l Milch
3 Eier, getrennt
175 g Zucker
100 g geriebene süße Mandeln
70 g flüssige Butter
1½ Teelöffel Kakao
1 Dose oder Glas Sauerkirschen
(ca. 450 g Obst)
Semmelbrösel
Puderzucker
1 Packung Instant-Vanillesoße (für ¼ l)

Gefäß
Auflaufform aus Glas, Porzellan, Keramik

Abdeckung
geschlossen garen

Einstellung und Zeit
14–17 Minuten Garstellung

Zubereitung
Die Brötchen in der Milch einweichen und gut ausdrücken. Mit Eigelb, Zucker, Mandeln, Butter (1–2 Minuten Garstellung) und Kakao gut schlagen. Teig soll weich, aber nicht flüssig sein. Ist er zu weich, Semmelbrösel zugeben. Sehr steifen Eischnee vorsichtig unterheben, die gut abgetropften Sauerkirschen daruntermischen und in eine gefettete Form geben. Form nur ¾ füllen. Garen. Den fertigen Auflauf mit Puderzucker bestreuen. Die restliche Milch von den eingeweichten Brötchen eventuell durchseihen und mit dem Pulver eine Vanillesoße anrühren.

Semmelauflauf

6 Portionen; pro Portion ca. 2375 kJ (570 kcal)

Zutaten

7 alte Brötchen oder
15 Scheiben altes Weißbrot
5 Eier, getrennt
½ l Milch, 150 g Zucker
2 Eßlöffel Rum
125 g Butter

Gefäß
Auflaufform aus Glas, Keramik, Porzellan

Abdeckung
geschlossen garen

Einstellung und Zeit
17–20 Minuten Garstellung

Zubereitung
Die Form gut ausfetten. Brötchen in Scheiben schneiden, Weißbrotscheiben vierteln und in die Form geben. Eigelb, Milch, Zucker, Rum und flüssige Butter gut verquirlen. Eiweiß steif schlagen, mit der Eiermilch mischen und über das Brot gießen. Einige Minuten durchweichen lassen. Geschlossen 17–20 Minuten garen. Heiß mit einem säuerlichen Kompott servieren.

Kabinettpudding

Foto

4 Portionen; pro Portion ca. 3510 kJ (840 kcal)

Zutaten

300 g Kekse oder trockenes Gebäck
50 g Rosinen, 50 g Korinthen
100 g geriebene Mandeln
50 g gehacktes Zitronat
½ l Milch, 75 g Zucker, 1 Vanillezucker
4 Eier, 2 Tropfen Bittermandelöl
Semmelbrösel, Fett

Gefäß

Puddingform aus Glas, Porzellan, Kunststoff

Abdeckung

die Hälfte der Garzeit geschlossen, dann offen

Einstellung und Zeit

14–17 Minuten Garstellung

Zubereitung

Die Form fetten und mit Semmelbröseln aus-
streuen. Die Kekse (oder Kuchenreste) zerbrö-
seln. Trockenfrüchte mischen. Abwechselnd
Gebäckbrösel und Trockenfrüchte einschichten. Milch, Zucker, Vanillezucker, Eier und
Bittermandelöl gut verschlagen, darübergießen, einige Zeit durchweichen lassen. 14–17
Minuten garen, 2–3 Minuten abkühlen lassen,
stürzen. Mit Weinschaum- oder Schokoladen-
soße warm servieren.

Nougatsoße

4 Portionen; pro Portion ca. 600 kJ (150 kcal)

Zutaten
100 g Nougatmasse
7 Eßlöffel Sahne

Gefäß
Schüssel, Keramik oder Glas

Abdeckung
offen garen

Einstellung und Zeit
1–1½ Minuten Garstellung

Umrühren
zweimal umrühren, nach dem Erhitzen gut
durchrühren

Zubereitung
Nougat und Sahne zusammen in der Schüssel
erhitzen und gut verrühren.
Nougatsoße paßt gut zu Vanilleeis, Grießpudding, Vanillepudding und zu verschiedenen
süßen Aufläufen.

Vanillesoße

4 Portionen; pro Portion ca. 672 kJ (160 kcal)

Zutaten
½ Vanillestange
½ l Milch
40 g Zucker
3 Teelöffel Speisestärke
1 Eigelb, 1 Eischnee

Gefäß
Schüssel aus Glas, Porzellan, Keramik

Abdeckung
offen garen

Einstellung und Zeit
6½–8 Minuten Garstellung

Umrühren
nach 4, 5 und 6 Minuten durchrühren

Zubereitung
Vanillestange der Länge nach spalten, mit dem
Messerrücken klopfen. Speisestärke mit Milch
und Zucker verquirlen, mit Vanille 6½–8 Minuten garen. Gegen Ende der Garzeit zweimal
umrühren. Vanille herausnehmen. Eigelb einrühren. Eischnee unterheben. Heiß oder kalt
servieren.

Schokoladensoße

4 Portionen; pro Portion ca. 940 kJ (225 kcal)

Zutaten
150 g Schokoladenglasur (Kuvertüre)
150 g Sahne

Gefäß
Meßbecher, höhere Schüssel aus Glas, Porzellan, Kunststoff

Abdeckung
offen erhitzen

Einstellung und Zeit
1½–1¾ Minuten Garstellung

Umrühren
nach dem Erhitzen kräftig schlagen

Zubereitung
Alles zusammen in dem Gefäß erhitzen. Jetzt kräftig schlagen, bis die Glasur vollständig aufgelöst ist. Heiß servieren.

Weinschaumsoße auf der Kochplatte

4 Portionen; pro Portion ca. 840 kJ (200 kcal)

Zutaten
¼ l Weißwein
100 g Zucker
2 Eier
2 Eßlöffel Zitronensaft
10 g Speisestärke

Zubereitung
Alle Zutaten in einen hohen Topf geben und auf der Kochplatte so lange schlagen, bis die Masse hochsteigt und dicklich wird. Soße heiß über das Dessert geben.

Schokoladentorte

12 kleinere Stücke; p. Stück ca. 1250 kJ (300 kcal)

Zutaten

Teig
100 g Butter
125 g Zucker
4 Eier
125 g Mehl
40 g Kakao
1 gestrichener Teelöffel Backpulver

Füllung
½ Glas saures Gelee
2–3 Eßlöffel Rum und Arrak
5 Eßlöffel Wasser

Glasur
1 Packung Schokoladenglasur (150 g)

Gefäß

runde Glas-, Porzellan-Auflaufform, flache Schüssel etc.

Abdeckung

offen garen

Einstellung und Zeit

7½–9½ Minuten Garstellung

Hinweis

während des Garens Gerät nicht öffnen

Zubereitung

Teig: Alle Zutaten zusammen mit elektrischem Quirl schaumig rühren, Teig in gefettete und gemehlte Form gießen. (Die Form muß hoch genug sein, der Kuchen geht beim Garen um das 3fache auf, fällt dann aber wieder etwas zusammen.) Nach dem Garen die feuchte Oberfläche mit etwas Mehl bestreuen. Stürzen. Nach dem Erkalten einmal durchschneiden.
Füllung: Gelee, Rum und Wasser mischen, auf die untere Platte streichen, dann obere Platte aufsetzen.
Glasur: Die Glasur in einer Tasse ½–1 Minute erweichen, auf der Torte verteilen.

Tip

Sie können genauso gut eine Fertigkuchenmischung »Schokoladentorte« oder »Sachertorte« verwenden.

Vorspeisen und Toasts

Lassen Sie Ihrer Phantasie freien Lauf: Im Mikrowellengerät haben Sie viel mehr Möglichkeiten als bisher, schnell eine pikante Kleinigkeit zu zaubern! Probieren Sie verschiedene kleine Gerichte mit Käse, denn Käse schmilzt schnell im Mikrowellengerät.
Oder mit Schinken, Tomaten, Spargel, oder kombinieren Sie süß und salzig (z. B. Bananen und Schinken), oder erfinden Sie Mini-Aufläufe in Förmchen. Sie haben bestimmt bald selbst die schönsten Ideen!
Verwöhnen Sie sich und Ihre Familie mit neuen leckeren Dingen! Im Mikrowellengerät sind kleine Häppchen schnell und problemlos fertig! Einige Anregungen finden Sie hier.

Ein wichtiges Wort zum belegten Toast

Das Brot muß trocken sein. Frischgetoastetes Brot wird weich im Mikrowellengerät! Entweder Sie toasten es am Tag vorher und lassen es austrocknen, oder Sie toasten es im Toaster auf kleinster Stufe, lassen es ausdampfen und toasten es nochmal auf kleinster Stufe. Wichtig ist auch, unter die belegten Toasts eine Papierserviette oder ein Blatt Küchenpapier zu legen – sonst bleibt das Brot nicht so knusprig! Schön knusprig wird Toast auch im Bräunungsgeschirr – Brot dann nicht vortoasten!

- Sie können die Rezepte natürlich jederzeit auf die Personenzahl in Ihrer Familie abstimmen. Vermeiden Sie jedoch sehr große Mengen. Die Zeiten ändern sich dann entsprechend:
doppelte Menge = fast doppelte Zeit
halbe Menge = halbe Zeit

- Die angegebenen Zeiten sind Anhaltswerte und können sich je nach Zutaten, Alter und Sorte der Lebensmittel, Gefäßen oder Anfangstemperaturen geringfügig verlängern oder verkürzen.

- Die kürzeren Zeiten sind für Geräte mit 720 W Leistung, die längeren Zeiten für Geräte mit 600 W Leistung.

Brot mit heißen Krabben

2 Portionen; pro Portion ca. 1050 kJ (250 kcal)

Zutaten
2 Scheiben Bauernbrot
2 Teelöffel Butter
200 g Krabben
Salz, Zitronensaft
Petersilie

Gefäß
kleine Schüssel

Abdeckung
Krabben geschlossen erhitzen

Einstellung und Zeit
1½–2 Minuten Garstellung

Umrühren
nach ½–1 Minute

Zubereitung
Krabben mit Zitronensaft und Salz mischen, erhitzen. Auf die gebutterten Brote verteilen, mit Petersilie bestreut anrichten.

Pikanter Leberkäse

1 Portion; ca. 1840 kJ (440 kcal)

Zutaten
1 Scheibe Leberkäse (1 cm dick)
½ Zwiebel in feinen Ringen
2 Scheiben sehr dünner Frühstücksspeck

Gefäß
Teller

Abdeckung
offen garen

Einstellung und Zeit
Gesamtgarzeit: 4–5 Minuten
Zwiebel und Speck: 2½–3 Minuten
Garstellung
Leberkäse: 1½–2 Minuten Garstellung

Zubereitung
Zwiebel und Speck anrösten, auf den Leberkäse legen, erhitzen.

Schinken-Spargel

1 Portion; ca. 1260 kJ (300 kcal)

Zutaten
2 Scheiben gekochter Schinken
1 kleine Dose Spargel in Stangen
20 g Butter
Petersilie

Gefäß
flacher Teller

Abdeckung
offen erhitzen

Einstellung und Zeit
1½–2 Minuten Garstellung

Zubereitung
Den Spargel nebeneinander auf den Teller legen. Den Schinken zusammenrollen und auf die Spargelspitzen legen. Die Butter auf Schinken und Spargel verteilen. 1½–2 Minuten erhitzen. Mit Petersilie verzieren.

Türkischer Auberginen-Dip

4 Portionen; pro Portion ca. 378 kJ (90 kcal)

Zutaten
250 g Aubergine (eine kleine)
3 Eßlöffel saure Sahne
1 kleine Knoblauchzehe
1 Teelöffel Salz
¼ Teelöffel Pfeffer
2 Eßlöffel Zitrone
1 kleine Zwiebel
Petersilie
3 Eßlöffel Olivenöl

Gefäß
Porzellanteller

Abdeckung
offen garen

Einstellung und Zeit
4–5 Minuten Garstellung

Zubereitung
Aubergine waschen. 4–5 Minuten garen, Haut abziehen. Mit allen Zutaten (außer Olivenöl) im Mixer oder mit Schnellmixstab pürieren. Öl langsam zugeben. In einem Schälchen im Kühlschrank abkühlen lassen. Wird als Vorspeise mit Brot gegessen. Entweder Brotstreifen (oder salzige Kekse) nur hineinstippen, oder ganze, mit der Masse bestrichene Brotscheiben reichen.

Tomaten mit Schinkenfülle

6 Portionen; pro Portion ca. 440 kJ (105 kcal)

Zutaten
6 mittelgroße, feste Tomaten
Salz, Zitronensaft
100 g magerer, gekochter Schinken
1 Ei
3 Eßlöffel Sahne
1 Teelöffel Semmelbrösel
25 g geriebener Käse

Gefäß
kleine Auflaufform aus Glas, Porzellan,
Keramik

Abdeckung
offen garen

Einstellung und Zeit
3½–4½ Minuten Garstellung

Zubereitung
Deckel von Tomaten abschneiden, aushöhlen,
innen salzen und mit Zitrone beträufeln.
Schinken fein schneiden, mit Ei, Rahm, Brö-
seln und Käse verschlagen und Tomaten damit
füllen, Deckel aufsetzen. Tomaten im Gefäß so
anordnen, daß im Zentrum keine Tomate liegt.

Banane in Schinken

1 Portion; ca. 2300 kJ (550 kcal)

Zutaten
1 Banane
4 Scheiben gekochter Schinken
1 kleine Dose Mandarinen
1 Scheibe Käse

Gefäß
flacher Teller

Abdeckung
offen garen

Einstellung und Zeit
Gesamtgarzeit: 1¼–1½ Minuten
Schinken-Banane: ¾–1 Minute Garstellung
Käse: ½ Minute Garstellung

Zubereitung
Die Banane längs durchschneiden. Jede Bana-
nenhälfte in 2 übereinandergelegte Scheiben
Schinken einrollen und auf den Teller legen.
Mit je 1 Eßlöffel Mandarinensaft beträufeln.
¾–1 Minute garen. Den Käse in feine Streifen
schneiden und schräg auf die Schinken-
Bananen verteilen. ½ Minute weitergaren.
Einige Mandarinenspalten auflegen.

Königinpastete

Foto

4 Portionen; pro Portion ca. 1255 kJ (300 kcal)

Zutaten
4 Blätterteigpasteten, fertig gebacken
1 Dose Ragout fin (250 g) oder
selbst hergestellt

Gefäß
kleine Schüssel (Ragout) und
Teller (Pasteten)

Abdeckung
Ragout geschlossen erhitzen
Pasteten offen erhitzen

Einstellung und Zeit
Gesamtgarzeit: 2½–3 Minuten
Ragout: 1½–2 Minuten Garstellung
Pasteten: 1 Minute Garstellung

Zubereitung
Ragout erhitzen, beiseite stellen. Pasteten erhitzen und mit dem Ragout füllen.

Tip
Pasteten mit Hühnerfrikassee: Statt Ragout
nehmen Sie eine Packung tiefgefrorenes
Hühnerfrikassee (aus dem Beutel in eine
kleine Terrine geben und auf Garstellung
9–11 Minuten heißmachen).

Toast Hawaii

1 Portion; ca. 1130 kJ (270 kcal)

Zutaten

1 getoastete Weißbrotscheibe
5 g Butter
1 Scheibe gekochter Schinken
1 abgetropfte Ananasscheibe
1 Scheibe Käse (Chester, Edamer,
Emmentaler)

Gefäß
Teller, mit einer Papierserviette belegt

Abdeckung
offen garen

Einstellung und Zeit
1 Toast: ¾–1 Minute Garstellung
4 Toasts: 2½–3 Minuten Garstellung

Zubereitung
Toast mit Butter bestreichen, mit Schinken,
Ananas und Käse belegen. Garen.

Thunfischtoast

4 Portionen; pro Portion ca. 1068 kJ (255 kcal)

Zutaten

4 getoastete Weißbrotscheiben
1 Dose Thunfisch (Öl abgegossen)
Zitronensaft
3 Tomaten
Salz, Pfeffer, Thymian
6 Scheiben Käse
Petersilie

Gefäß
flacher Teller oder Platte, mit Papierserviette
oder Papiertuch belegt

Abdeckung
offen garen

Einstellung und Zeit
2½–3 Minuten Garstellung

Zubereitung
Das Weißbrot mit je einer Scheibe Käse belegen. Darauf den Thunfisch verteilen und mit
Zitrone beträufeln. Mit Tomatenscheiben belegen, würzen. Den restlichen Käse in Streifen
schneiden und gitterartig darüber verteilen.
Nach dem Garen mit Petersilie bestreuen.

Champignontoast mit Ei

4 Portionen; pro Portion ca. 960 kJ (230 kcal)

Zutaten

4 getoastete Weißbrotscheiben
40 g Butter
2 hartgekochte Eier in Scheiben
200 g Champignons (Dose)
5 Eßlöffel geriebener Emmentaler
4 Eßlöffel Sahne
Salz, Petersilie
Papierserviette, Papiertuch

Gefäß
flacher Teller, Platte

Abdeckung
offen garen

Einstellung und Zeit
2½–3 Minuten Garstellung

Zubereitung
Toast mit Butter bestreichen, mit Eischeiben belegen, darauf Champignons (halbierte Köpfe) verteilen. Salzen. Käse und Sahne verrühren, darübergeben. Teller mit Papierserviette belegen, Toast darauf garen. Nach dem Garen mit Petersilie bestreuen.

Camemberttoast

4 Portionen; pro Portion ca. 1090 kJ (260 kcal)

Zutaten

4 getoastete Weißbrotscheiben
20 g Butter
4 Eßlöffel Preiselbeeren
1 Camembert
Petersilie

Gefäß
flacher Teller, Platte mit Papierserviette oder Papiertuch belegt

Abdeckung
offen garen

Einstellung und Zeit
2½–3 Minuten Garstellung

Zubereitung
Toast mit Butter bestreichen, auf jede Scheibe 1 Eßlöffel Preiselbeeren geben. Den Camembert in Scheiben darauflegen. Nach dem Garen mit Petersilie bestreuen.

Pikanter Wursttoast

4 Portionen; pro Portion ca. 1255 kJ (300 kcal)

Zutaten

4 getoastete Weißbrotscheiben
4 dicke Scheiben Schinkenwurst
Senf
2 kleine Äpfel
Zitronensaft
4 dickere Scheiben Emmentaler
Pfeffer
Salz
Ketchup

Gefäß

flacher Teller oder Platte, mit Papierserviette oder Papiertuch belegt

Abdeckung

offen garen

Einstellung und Zeit

2½–3 Minuten Garstellung

Zubereitung

Die Toastscheiben mit Senf bestreichen und mit je einer Scheibe Wurst belegen. Darauf die geraffelten und mit Zitrone gemischten Äpfel verteilen. Mit Käse abdecken. Mit etwas Salz und Pfeffer bestreuen. Nach dem Garen mit einem Tupfen Ketchup anrichten.

Pikante Backpflaumen mit Mangosoße

Foto Seite 139

4 Portionen; pro Portion ca. 1050 kJ (250 kcal)

Zutaten

10 Scheiben Frühstücksspeck
20 schöne, große Backpflaumen
10 Zahnstocher
Mangosoße

Gefäß

Porzellanteller oder flache Schale und Schälchen

Abdeckung

offen garen

Einstellung und Zeit

Gesamtgarzeit: 2½–3 Minuten
Pflaumen: 1½–2 Minuten Garstellung
Soße: 1–1½ Minuten Garstellung
je nach Menge

Zubereitung

Frühstücksspeck längs halbieren. Jede Pflaume mit einer Scheibe umwickeln und mit einem Zahnstocher feststecken. Die Pflaumen auf dem Serviergeschirr anrichten und 1½–2 Minuten garen, bis der Speck zu brutzeln anfängt und die Pflaumen dick aufgehen. Die Soße separat in einem Schälchen heißmachen. Backpflaumen in die heiße Soße tauchen und gleich essen.

Pikante Backpflaumen mit Mangosoße ▷

Muscheln mit Kräuterbutter

2 Portionen; pro Portion ca. 900 kJ (215 kcal)

Zutaten

1 Glas Muscheln (180 g)
20 g Kräuterbutter
2 getoastete Weißbrotscheiben

Gefäß

2 Dessertschalen

Abdeckung

geschlossen erhitzen

Einstellung und Zeit

¾–1 Minute Garstellung

Zubereitung

Die Muscheln abtropfen und in die beiden Gefäße verteilen. Auf die Muscheln die Kräuterbutter verteilen. Geschlossen ¾–1 Minute erhitzen. Mit getoastetem Weißbrot servieren.

Muscheln mit Champignons

4 Portionen; pro Portion ca. 735 kJ (175 kcal)

Zutaten

200 g Muscheln (ohne Schalen), gegart
100 g frische Champignons
⅛ l gut abgeschmeckte Brühe
5 Eßlöffel Sahne
1 Teelöffel Speisestärke
1 Eßlöffel frisch gehackte Kräuter
1 Eßlöffel Weißwein
50 g milder geriebener Käse

Gefäß

kleinere Auflaufform oder Schüssel aus Porzellan, Glas oder Keramik

Abdeckung

offen garen

Einstellung und Zeit

Gesamtgarzeit: 5–7½ Minuten
Champignons: 1–2 Minuten Garstellung
mit Soße: 2–2½ Minuten Garstellung
mit Muscheln: 2–3 Minuten Garstellung

Zubereitung

Champignons putzen, waschen und je nach Größe halbieren oder vierteln. 1–2 Minuten dünsten. Stärke mit Brühe und Sahne verquirlen und zu den Champignons geben. 2–2½ Minuten garen, dabei einmal umrühren. Muscheln rasch kalt waschen, mit Kräutern und Wein unter die Soße heben, Käse darüberstreuen und 2–3 Minuten erhitzen.
Als Vorspeise mit frischem Toast reichen.

Sülzkotelett

2 Portionen; pro Portion ca. 2205 kJ (525 kcal)

Zutaten
2 Schweinekoteletts
1 Möhre
½ Zwiebel
¼ l Wasser
1 Lorbeerblatt
1 Teelöffel Salz
einige Pfefferkörner
1–2 Eßlöffel Essig
gemahlene Gelatine (weiß) für ¼ l
1 Essiggurke

Gefäß
Schüssel oder Terrine aus Glas, Keramik oder Porzellan mit Deckel

Abdeckung
geschlossen garen

Einstellung und Zeit
Gesamtgarzeit: 16–20 Minuten Garstellung
Brühe: 4–5 Minuten Garstellung
 mit Fleisch: 12–15 Minuten Garstellung

Zubereitung
Möhre, Zwiebel, Wasser, Lorbeerblatt, Salz und Pfefferkörner 4–5 Minuten erhitzen, Fleisch zugeben und 12–16 Minuten garen. Koteletts aus der Brühe nehmen und in einen tiefen Teller legen. Mit einigen Scheiben der gekochten Möhre und Streifen einer Essiggurke garnieren. Die Brühe abseihen, die Gelatine darin auflösen und mit Essig, Salz und Pfeffer kräftig abschmecken. Über die Koteletts gießen, so daß diese ganz bedeckt sind. Im Kühlschrank erstarren lassen.

Käsewürstchen

2 Portionen; pro Portion ca. 1465 kJ (350 kcal)

Zutaten
2 Paar Brühwürstchen
2 Scheiben Schmelzkäse
2 Teelöffel Ketchup
8 feine Streifen durchwachsener Speck

Gefäß
Teller

Abdeckung
offen garen

Einstellung und Zeit
1½–2 Minuten Garstellung

Zubereitung
Die Würstchen längs tief einschneiden. Den Schmelzkäse in Streifen schneiden, die Würste damit füllen. Die Wurstenden mit Speck umwickeln. Nebeneinander auf Teller legen, evtl. mit Ketchup bestreichen und in 1½–2 Minuten erhitzen.

Grieß-Gnocchi (Grießschnitten römisch)

Foto Seite 143

2 Portionen; pro Portion ca. 2730 kJ (650 kcal)

Zutaten
70 g Grieß
½ l Milch
½ Teelöffel Salz
2 Eßlöffel Butter
1 Eigelb
2 Eßlöffel Parmesan
Butter für die Form

Zum Überbacken
40 g geriebener Emmentaler
40 g geriebener Parmesan

Gefäß
größere Schüssel und flache Schale
aus Glas oder Porzellan

Abdeckung
offen garen

Einstellung und Zeit
Gesamtgarzeit: 20–22 Minuten
Milch: 5–6 Minuten Garstellung
Grießmasse: ¾–1 Minute Garstellung und
8 Minuten Fortkoch-(Auftau-)automatik
Überbacken: 4–5 Minuten Garstellung
Grill: 2–3 Minuten auf höchster Einschubhöhe

Umrühren
Grießmasse zwei- bis dreimal umrühren

Zubereitung
Milch in der Schüssel in 5–6 Minuten zum Kochen bringen. Grieß und Salz einrühren. ¾–1 Minute garen, 8 Minuten fortkochen, dabei zwei- bis dreimal umrühren. In den heißen, dicken Brei Butter, Eigelb und Parmesan einrühren. Die Masse 1 cm dick auf ein nasses Holzbrett streichen und mit nassem Messer die Oberfläche glattstreichen. Mit Ausstecher runde Plätzchen ausstechen und schuppenförmig in die gefettete, flache Schale schichten. Emmentaler und Parmesan mischen und über die Gnocchi verteilen. 4–5 Minuten garen und 2–3 Minuten unter dem vorgeheizten Grill überbacken.

Grieß-Gnocchi (Grießschnitten römisch) ▷

Eierspeisen

Eier eignen sich nur in ganz bestimmten Zubereitungsarten für die Mikrowelle – Sie finden hier vier Rezepturen für mögliche und sinnvolle Zubereitungen.

Im Mikrowellengerät wird meist das Eigelb genauso schnell gar wie das Eiweiß – weiche Eier können Sie deshalb im Mikrowellengerät nicht zubereiten.

Eier in der Schale können durch die schnelle Erwärmung platzen. Bitte deshalb auf keinen Fall ganze Eier in das Mikrowellengerät geben! Bei Eiern ohne Schale den Dotter vorsichtig anstechen. Ebenso hartgekochte Eier nicht mit Mikrowelle wiedererwärmen, diese können genauso platzen und Sie könnten sich verbrennen.

Bereiten Sie alle Eierspeisen gleich im Serviergeschirr zu, Sie ersparen sich dadurch Fettzugabe, Pfannen oder ein umständliches Wasserbad!

- Sie können die Rezepte natürlich jederzeit auf die Personenzahl in Ihrer Familie abstimmen. Vermeiden Sie jedoch sehr große Mengen. Die Zeiten ändern sich dann entsprechend:
  doppelte Menge = fast doppelte Zeit
  halbe Menge   = halbe Zeit

- Die angegebenen Zeiten sind Anhaltswerte und können sich je nach Zutaten, Alter und Sorte der Lebensmittel, Gefäßen oder Anfangstemperaturen geringfügig verlängern oder verkürzen.

- Die kürzeren Zeiten sind für Geräte mit 720 W Leistung, die längeren Zeiten für Geräte mit 600 W Leistung.

Ei im Glas – wachsweich

1 Portion; ca. 400 kJ (95 kcal)

Zutaten
1 Ei (Gewichtsklasse 3)

Gefäß
kleines Schüsselchen, Tasse, Glas

Abdeckung
offen garen

Einstellung und Zeit
1¼ Minuten Auftaustellung
(Zimmertemperatur)
1½ Minuten Auftaustellung
(aus dem Kühlschrank)

Zubereitung
Das Ei in das Gefäß schlagen, Dotter vorsichtig anstechen. Nach dem Garen 1 Minute nachziehen lassen. Größere und kleinere Eier brauchen entsprechend länger oder kürzer (Kühlschrank), z. B.
Gewichtsklasse 1: 1¾ Minuten
Gewichtsklasse 5: 1¼ Minuten

Eier in Schinken-Käse-Soße

2 Portionen; pro Portion ca. 1450 kJ (345 kcal)

Zutaten
4 Eier

Soße
1 große Scheibe gekochter Schinken
2–3 Scheiben Emmentaler-Schmelzkäse
½ Tasse Sahne
1 Eßlöffel Weißwein
gut ⅛ l Milch
1 gestrichener Teelöffel Speisestärke
1–2 Teelöffel gehackter Schnittlauch
1 Messerspitze weißer Pfeffer, Salz

Gefäß
4 breite Tassen für die Eier und 1 Schüssel oder Suppentasse für die Soße

Abdeckung
offen garen

Einstellung und Zeit
Gesamtgarzeit: 5–7 Minuten
Soße mit Zutaten: 2–3 Minuten Garstellung
Andicken: 1–2 Minuten Garstellung
Eier garen: 1½–3 Minuten Garstellung

Zubereitung
Schinken und Käse fein würfeln. Mit Milch, Wein und Sahne 2–3 Minuten garen. Speisestärke einrühren, mit Schnittlauch verfeinern und mit Pfeffer und Salz abschmecken, 1–2 Minuten auf Garstellung aufkochen. Je ein Ei in die Tasse geben, Dotter vorsichtig anstechen und 2 Tassen mit je einem Ei nacheinander ¾–1¼ Minuten garen. Eier auf Teller anrichten und mit Soße übergießen.
Beilagen: Salz- oder Pellkartoffeln und grüner Salat.

Rührei

2 Portionen; pro Portion ca. 1110 kJ (265 kcal)

Zutaten
4 Eier
3 Teelöffel weiche Butter
5 Eßlöffel Milch
Salz, Pfeffer
Muskat
Schnittlauch (frisch oder tiefgefroren)
zum Bestreuen

Gefäß
flaches Gefäß aus Glas, Porzellan, Keramik
(Suppenteller)

Abdeckung
offen garen

Einstellung und Zeit
3–3½ Minuten Garstellung

Umrühren
nach 1, 1½, 2, 3 Minuten das feste Ei vom
Rand des Gefäßes in die Mitte rühren

Zubereitung
Eier, Butter, Milch und Gewürze gut verrühren. In das Gefäß gießen. Nach dem Garen
mit Schnittlauch bestreuen.

Omelett mit Pilzen

2 Portionen; pro Portion ca. 675 kJ (160 kcal)

Zutaten
2 Eier
5 Eßlöffel Milch
100–150 g Pilze
(Waldpilze oder Champignons)
1 Eßlöffel Sahne
1 Eßlöffel gehackte Petersilie
1 Teelöffel Butter
Salz
Pfeffer

Gefäß
Eßteller aus Glas, Keramik oder Porzellan

Abdeckung
geschlossen garen
(Teller, hitzebeständige Haftfolie)

Einstellung und Zeit
Gesamtgarzeit: 6–8 Minuten
Pilze: 3–4 Minuten Garstellung
Omelett: 2–4 Minuten Garstellung

Zubereitung
Pilze putzen, waschen und blättrig schneiden;
mit Butter auf dem Teller 3–4 Minuten offen
garen, dann etwas von der Flüssigkeit abgießen. Eier mit Milch, Sahne und Gewürzen verquirlen. Eiermasse über die Pilze gießen und
ca. 2–4 Minuten garen, bis die Masse gestockt, aber nicht trocken geworden ist.

Heiße alkoholische Getränke

Haben Sie an einem kalten Tag Lust auf einen Glühwein oder einen steifen Grog, aber Sie scheuen wegen eines einzigen Glases den Aufwand? Im Mikrowellengerät haben Sie nur ein Gefäß – das Glas, aus dem Sie trinken!

Gerade in der feuchtkalten Herbst- und Winterzeit sind dampfende und duftende Getränke eine feine Sache. Komponieren Sie doch einmal Ihre eigenen Rezepturen aus aromatischen Zutaten! Zum Mixen eignen sich zum Beispiel Kaffee, Tee, heiße Schokolade oder Zitrussäfte mit Rum, Arrak, Weinbrand, Whisky oder Weiß- und besonders Rotwein. Dazu sind vor allem in der Vorweihnachtszeit Gewürze beliebt wie Nelken, Zimtstangen, Vanille, Orangen- und Zitronenschalen oder auch Ingwer (Zeiten zum Erhitzen siehe Seite 24).

Wichtig: niemals das Getränk mit Alkohol kochen lassen!

- Sie können die Rezepte natürlich jederzeit auf die Personenzahl in Ihrer Familie abstimmen. Vermeiden Sie jedoch sehr große Mengen. Die Zeiten ändern sich dann entsprechend:
  doppelte Menge = fast doppelte Zeit
  halbe Menge = halbe Zeit

- Die angegebenen Zeiten sind Anhaltswerte und können sich je nach Zutaten, Alter und Sorte der Lebensmittel, Gefäßen oder Anfangstemperaturen geringfügig verlängern oder verkürzen.

- Die kürzeren Zeiten sind für Geräte mit 720 W Leistung, die längeren Zeiten für Geräte mit 600 W Leistung.

Schokoladenmilch mit Branntwein

1 Portion; ca. 960 kJ (230 kcal)

Zutaten
2 Teelöffel Schokoladenpulver
1 Teelöffel Zucker
1 Tasse Milch
2 Eßlöffel Branntwein

Gefäß
Tasse

Abdeckung
offen erhitzen

Einstellung und Zeit
1¼–1½ Minuten Garstellung

Zubereitung
Schokoladenpulver und Zucker mit wenig Milch in der Tasse auflösen, mit Milch auffüllen, 1¼–1½ Minuten erhitzen (beobachten, Milch soll nicht kochen). Nach dem Erhitzen den Branntwein dazugeben. Heiß servieren.

Tiroler Jägertee

1 Portion; ca. 1470 kJ (350 kcal)

Zutaten
¼ l schwarzer Tee
Zucker nach Geschmack
knapp ¼ l Rotwein
½ Stange Zimt
2 Nelken nach Belieben
3 cl Rum
3 cl Obstler

Gefäß
Tonkrug für ½ l

Abdeckung
offen erhitzen

Einstellung und Zeit
Gesamtgarzeit: 4–5 Minuten
Tee: 2–2½ Minuten Garstellung
mit Wein: 2–2½ Minuten Garstellung

Zubereitung
Tee und Zucker in 2–2½ Minuten kurz aufkochen. Rotwein und Gewürze dazugeben und weitere 2–2½ Minuten erhitzen. Rum und Obstler dazugeben und nach Bedarf nachzuckern.

Punsch

4 Portionen; pro Portion ca. 840 kJ (200 kcal)

Zutaten
½ l Rotwein
50–100 g Zucker
Schale von ½ Orange
(spiralenartig dünn geschält)
Saft von 1–2 Orangen
1 Tasse schwarzer Tee
nach Belieben Zimtstange
1 Nelke
2 cl Rum

Gefäß
Glaskrug, Porzellankanne

Abdeckung
offen erhitzen

Einstellung und Zeit
4–5 Minuten Garstellung

Umrühren
nach dem Erhitzen kurz durchrühren

Zubereitung
Alle Zutaten, außer dem Rum, zusammen erhitzen. Kurz durchrühren und Rum zugeben.

Grog

1 Portion; ca. 630 kJ (150 kcal)

Zutaten
3–4 Stück Würfelzucker
⅔ Glas Wasser
bis ⅓ Glas Rum, Arrak oder Weinbrand
1–2 Zitronenscheiben oder
etwas Zitronensaft

Gefäß
hitzefestes Glas

Abdeckung
offen erhitzen

Einstellung und Zeit
1¼–1½ Minuten Garstellung

Umrühren
nach dem Aufkochen Zucker aufrühren

Zubereitung
Zucker und Wasser in dem Glas zum Kochen bringen. Alkohol und Zitrone zugeben. Sofort heiß trinken.

Glühwein

1 Portion; ca. 670 kJ (160 kcal)

Zutaten
1 Glas Rotwein
1 Nelke
1 Scheibe Zitrone
2 Teelöffel Zucker

Gefäß
hitzefestes Glas

Abdeckung
offen erhitzen

Einstellung und Zeit
1–2 Minuten Garstellung

Umrühren
nach dem Erhitzen durchmischen

Zubereitung
Alle Zutaten zusammen in das Glas geben. Erhitzen, aber nicht kochen lassen.

Irish Coffee

1 Portion; ca. 670 kJ (160 kcal)

Zutaten
5 cl Whisky
1 Teelöffel Zucker
1 Tasse starker, heißer Kaffee
1 Eßlöffel geschlagene Sahne
wenig Kaffeemehl

Gefäß
Irish-Coffee-Glas oder größeres, hitzebeständiges Glas

Abdeckung
offen garen

Einstellung und Zeit
½ Minute Garstellung

Zubereitung
Whisky und Zucker in dem Glas ½ Minute erhitzen. Heißen Kaffee dazugießen und mit Schlagsahne garnieren. Auf die Sahne wenig Kaffeemehl streuen.

Pharisäer

Foto

1 Portion; ca. 800 kJ (190 kcal)

Zutaten
1 Tasse starker Kaffee
1–2 Eßlöffel Rum
1 Eßlöffel Zucker
2 Eßlöffel geschlagene Sahne
Zimt

Gefäß
Porzellantasse

Abdeckung
offen garen

Einstellung und Zeit
1¼–1½ Minuten Garstellung

Zubereitung
Starken Kaffee in der Tasse 1¼–1½ Minuten
erhitzen. Mit Rum und Zucker abschmecken.
Eine Haube geschlagene Sahne aufsetzen und
mit Zimt bestreuen.

Kombinations-
gerichte

Kombinieren Sie Ihre anderen Kochgeräte –
Grill, Kochplatte, Backofen – mit Ihrem Mikrowellengerät und nutzen Sie von jedem Gerät den
größten Vorteil: die knusprige Bräune vom
Grill, das schnelle Durchgaren von der Mikrowelle, z. B. auch Anbraten auf der Kochplatte,
Garschmoren im Mikrowellengerät.
Diese kombinierte Methode wird hauptsächlich
bei Fleisch angewendet, aber natürlich können
Sie auch einen Auflauf nach dem Garen schnell
übergrillen oder Fische anbräunen und mit Mikrowelle sanft durchgaren. Anschließend finden Sie einige Anregungen, wie Sie sinnvoll bei
dieser Methode vorgehen können.

Bitte beachten: Die Grillzeiten sind abhängig
von der Stärke des Grills und vom Abstand des
Grills zum Grillgut.

- Sie können die Rezepte natürlich jederzeit auf die Personenzahl in Ihrer Familie
  abstimmen. Vermeiden Sie jedoch sehr
  große Mengen. Die Zeiten ändern sich
  dann entsprechend:
  doppelte Menge = fast doppelte Zeit
  halbe Menge = halbe Zeit

- Die angegebenen Zeiten sind Anhaltswerte und können sich je nach Zutaten,
  Alter und Sorte der Lebensmittel, Gefäßen oder Anfangstemperaturen geringfügig verlängern oder verkürzen.

- Die kürzeren Zeiten sind für Geräte mit
  720 W Leistung, die längeren Zeiten für
  Geräte mit 600 W Leistung.

Grillhähnchen

2 Portionen; pro Portion ca. 1990 kJ (475 kcal)

Zutaten
1 Brathähnchen von 850 g (tiefgefroren)
Salz
Paprika

Gefäß
Schüssel, Auflaufform

Abdeckung
zugedeckt auftauen und vorgaren

Einstellung und Zeit
Gesamtgarzeit: 52 Minuten
1. Mikrowelle: 18–22 Minuten Garstellung
2. Grill: 30 Minuten

Umrühren
Hähnchen nach 11 Minuten wenden

Zubereitung
Das tiefgefrorene Hähnchen aus der Folie wickeln, mit 3 Eßlöffeln Wasser vorgaren. Grill vorheizen. Nach dem Vorgaren kurz unter kaltem Wasser waschen, Innereien entfernen, mit Salz, Paprika einreiben. Hähnchen auf den Drehspieß oder in den Drehkorb geben, wie gewohnt noch 30 Minuten grillen bzw. umluftgrillen. Nur 52 Minuten vom Tiefkühlgerät bis zum fertigen Grillhähnchen! Auf traditionelle Weise dauert das Grillen allein schon so lange, dazu noch mindestens 1½ Stunden zum Auftauen!

Gänsebraten

6 Portionen; pro Portion ca. 4830 kJ (1150 kcal)

Zutaten
1 Frühmastgans, tiefgefroren (ca. 3 kg)
Salz
Pfeffer
½ Tasse Bier

Gefäß
größere feuerfeste Schale aus Glas, Keramik

Abdeckung
offen garen und braten

Einstellung und Zeit
Gesamtgarzeit: 1¾ Stunden
1. Mikrowelle: 35–45 Minuten Garstellung
2. Backofen: 60 Minuten 225 °C

Zubereitung
Die tiefgefrorene Gans aus dem Beutel nehmen, offen im Mikrowellengerät auf Garstellung 20–30 Minuten garen, Beutel mit Innereien entfernen, Gans wenden und weitere 15 Minuten garen. In diesen 15 Minuten Backofen auf 225 °C vorheizen. Etwas Fett und Wasser aus dem Gefäß abgießen, Gans innen und außen gut würzen. Im Backofen 60 Minuten braten, dabei einmal wenden. Kurz vor Ende der Garzeit mit Bier bestreichen.

Schweinshaxe

2–3 Portionen; pro Portion ca. 3490–5230 kJ
(830–1250 kcal)

Zutaten
1 hintere Schweinshaxe (ca. 1 kg)
(mit Knochen, Schwarte im Karomuster
eingeritzt, aufgetaut)
Salz
Pfeffer
Wasser

Gefäß
Schüssel, Auflaufform, Keramikgefäß

Abdeckung
zugedeckt vorgaren

Einstellung und Zeit
Gesamtgarzeit: 48 Minuten
1. Mikrowelle: 15–18 Minuten Garstellung
2. Grill: 30 Minuten

Umrühren
nach 10 Minuten wenden

Zubereitung
Das Gefäß bodenbedeckt voll Wasser gießen.
Die mit Salz und Pfeffer gut gewürzte Haxe
vorgaren.
Haxe in den Drehkorb oder auf den Drehspieß
geben, noch eine gute halbe Stunde grillen
bzw. umluftgrillen, bis die Schwarte knusprig
ist. Wenn Sie auf dem Rost grillen, mittlere
Einschubhöhe nehmen und Haxe öfters
wenden.

Hackfleischstrudel

4 Portionen; pro Portion ca. 2310 kJ (550 kcal)

Zutaten
1 Packung Tiefkühl-Blätterteig
(300 g in Scheiben)
250 g Hackfleisch
1 Zwiebel
½ Paprikaschote
1 Tomate
Pfeffer
Salz
Paprika
Oregano
Thymian

Gefäß
Pergamentpapier (Backpapier), Backblech
oder feuerfeste Schale

Abdeckung
geschlossen mit Mikrowelle vorgaren, offen
im Backofen überbacken

Einstellung und Zeit
Gesamtgarzeit: 28 Minuten
1. Mikrowelle:
Gemüse: 4–5 Minuten Garstellung
Strudel: 6–8 Minuten Garstellung
2. Backofen: 15 Minuten bei 220 °C

Zubereitung
Die Blätterteigstücke auf einem großen Bogen
Pergamentpapier aneinanderlegen und vorsichtig mit einem Nudelholz darübergehen, so
daß sie sich verbinden. Für die Füllung Gemüse kleinhacken, 4–5 Minuten dünsten und mit
den Gewürzen und dem Hackfleisch gut vermischen. Backofen auf 220 °C vorheizen. Die
Füllung auf der Teigplatte verteilen. Dann den
Teig vorsichtig zu einer Rolle formen. Das Pergamentpapier über dem Strudel zusammen-
schlagen, so daß möglichst wenig Feuchtigkeit
entweichen kann. 6–8 Minuten auf Garstellung garen. Anschließend die Papierumhül-
lung entfernen, Strudel vorsichtig auf ein kalt
abgespültes Backblech geben. Im vorgeheizten
Backofen bei 220 °C 15 Minuten bräunen.
Beilagen: frische grüne Salate.

Menü aus dem Mikrowellengerät

Bei Feiern im kleineren Familien- oder Freundeskreis ist immer noch das festliche Menü mit verschiedener warmer Speisenfolge beliebt – heute allerdings meist mit einer beschränkten Auswahl von 3–5 Gängen. Beispiel:

Kalte Vorspeise

Suppe

Warme Vorspeise oder Fisch

Hauptgericht
(meist Fleischgericht mit Gemüse)

Nachspeise, kalt oder warm

Hierbei können Vorspeisen oder Suppe auch entfallen.

Wichtigste Regel beim Aufstellen der Speisenfolge: Wiederholungen der Lebensmittel, auch in der Zubereitungsart und Farbe vermeiden! Wählen Sie nicht ausschließlich kalorienarme oder -reiche Gerichte aus!

Stellen Sie sich aus den Rezepten ein beliebiges Menü zusammen! Dabei ist bei der Vorbereitung und beim Garen zu beachten:

● Bereiten Sie das Dessert, soweit möglich zuerst vor.

● Garen Sie zuerst die Speise, die wenig Vorbereitung erfordert, und die gut nochmals heißzumachen ist.

● Während das erste Gericht im Mikrowellengerät ist, bereiten Sie das nächste vor, oder Sie machen Ihren Salat an, oder Sie decken den Tisch.

● Erhitzen Sie die Vorspeise zuletzt, meist ist diese in kurzer Zeit fertig.

● Während Sie die Vorspeise essen, garen Sie einen Teil der Hauptspeise fertig oder erhitzen Sie einen Teil wieder.

In der folgenden Übersicht finden Sie einige Beispiele für ein praktisches Menü-Kochen.

Menü	Garzeiten	Vorbereitung und Arbeitsfolge
Für 1 Person		
Gefüllte Scholle	6 Minuten	1. Schokoladensoße fertigmachen.
Salzkartoffeln	5 Minuten	2. Scholle vorbereiten.
Frischer Salat	—	3. Kartoffeln vorbereiten und garen.
Banane in Schokoladensoße	3 Minuten	4. Scholle garen.
(½ Rezept!)	———	5. Während Kartoffeln und Scholle garen, frischen Salat anmachen.
	14 Minuten	6. Nach dem Hauptgericht Banane dünsten und Schokoladensoße wieder erhitzen.
Für 2 Personen		
Muscheln mit Kräuterbutter	1 Minute	1. Vorspeise vorbereiten.
Putenschnitzel	7 Minuten	2. Fleisch, Kartoffeln und Pilze fertiggaren und auf zwei Eßteller verteilen.
Kartoffeln	10 Minuten	3. Nachtisch vorbereiten.
Frische Champignons	4 Minuten	4. Vorspeise heißmachen.
(½ Rezept)		5. Hauptgericht: jeden Teller 1–2 Minuten im Mikrowellengerät wieder heißmachen.
Vanille-Eis mit heißen	3 Minuten	6. Kirschen heißmachen und auf das Eis geben.
Sauerkirschen	———	
	25 Minuten	
Für 2 Personen		
Schweinefilet in Curryrahmsoße	20 Minuten	1. Reis kochen.
Reis	25 Minuten	2. Inzwischen Salat vorbereiten.
Frischer Salat	—	3. Schweinefilet in Soße garen.
Bratäpfel	6 Minuten	4. Äpfel vorbereiten.
	———	5. Reis evtl. nochmals heißmachen.
	51 Minuten	6. Nach dem Hauptgericht Äpfel garen.

Menü	Garzeiten	Vorbereitung und Arbeitsfolge
Für 4 Personen		
Schollenröllchen in Petersilie	13 Minuten	1. Rote Grütze fertigmachen und kalt stellen.
Käsehackbraten	19 Minuten	2. Schollenröllchen vorbereiten.
Kartoffelbrei (Fertigmischung)	—	3. Hackbraten vorbereiten und garen.
Salate, frisch oder gedünstet		4. Inzwischen Salat anmachen (gedünstete Salate
aus Gemüse	—	besser am Vortag oder morgens vorbereiten).
Rote Grütze	8½ Minuten	5. Kartoffelbrei auf der Kochplatte fertigmachen.
		6. Vorspeise garen.
	40½ Minuten	7. Evtl. Kartoffelbrei im Mikrowellengerät wieder
		heißmachen.
Für 4 Personen		
Gefüllte Tomaten	4½ Minuten	1. Flammeri und Vanillesoße bereits morgens
Hühnerfrikassee	29 Minuten	vorbereiten und kalt stellen.
Reis	28 Minuten	2. Poularde garen und Soße für Frikassee vorbereiten.
Salate nach Wahl	—	3.Tomaten vorbereiten.
Schokoladenflammeri mit	5 Minuten	4. Reis kochen.
Vanillesoße	8 Minuten	5. Inzwischen Salate anmachen und Frikassee fertig
		vorbereiten.
	1¼ Stunden	6. Frikassee heißmachen und abschmecken.
		7. Tomaten garen.

Sachregister

Rezeptregister

Bildnachweis

Wir danken den folgenden Firmen
für das Überlassen der Bild-
vorlagen:
CMA, Bad Godesberg: Seite 151
Kraft-Küchen-Service, Eschborn:
  Seiten 39, 55, 87, 111, 139
Langnese-Iglo, Hamburg: Seite
  135
Maggi-Kochstudio, Frankfurt:
  Seite 51
Siemens-Fotostudio: Seiten 15, 19,
  47, 71, 75 79, 91, 103, 107, 119,
  123
Fotostudio Teubner, Füssen: Seiten
  43, 63, 67, 99, 127, 143
Titelfotos: Siemens-Fotostudio,
  Sirius Bildarchiv, Fotostudio
  Teubner

Verwendete Abkürzungen

W	Watt
kcal	Kilokalorie
kJ	Kilojoule

$1 \text{ kJ} = 4{,}2 \text{ kcal}$

g	Gramm
kg	Kilogramm
ml	Milliliter
dl	Deziliter
l	Liter